Meiner Frau Ursula
für ihre liebevolle Geduld und Unterstützung

Florian Mausbach

BAUTEN
DIE STAAT
MACHEN

Erinnerungen und Geschichten von den
Baustellen der Berliner Republik

BERLIN STORY VERLAG

DAS TITELBILD

Der gigantisch aufragende Eckpfeiler des verhüllten Reichstags, zu dessen Füßen die Menschen wie Gullivers Liliputaner wirken, ist ein Sinnbild des Problems, mit dem sich dieses Buch in Gedanken, Geschichten und Erinnerungen auseinandersetzt: *Nicht in Gigantismus, sondern als Monument* sollen Staatsbauten die Demokratie repräsentieren – so Prof. Carlo Schmidt in den 1970ern.

Das bis zu seiner Verhüllung durch Christo und Jeanne-Claude im Sommer 1995 als düster-steinernes Monument des Wilhelminismus wahrgenommene mächtige Bauwerk wird in einer magischen Kunstaktion verpackt und verwandelt. Und erweckt die Hoffnung, dass mit seiner Enthüllung etwas Neues, Anderes, Zukunftsweisendes entstehen möge. Das Erinnerungsfoto von einem, der dabei war, dem an der Verhüllung mitwirkenden Ingenieur Dr. Wolfgang Stucke, ist ungewöhnlich. Als Titelbild reflektiert es das Thema des Buches. Die Menschen zu Füßen eines übermächtigen Eckpfeilers deuten auf das Problem des Missbrauchs von Monumentalität hin, auf Einschüchterung und Erniedrigung, jedoch zugleich auf eine Monumentalität, die Würde und Achtung, Stolz und Freude ausstrahlt.

IMPRESSUM

Florian Mausbach
Bauten, die Staat machen
1. Auflage – Berlin: Berlin Story Verlag 2022
ISBN 978-3-95723-188-8

© Berlin Story Verlag GmbH
Leuschnerdamm 7, 10999 Berlin
UStID: DE276017878
AG Berlin (Charlottenburg) HRB 132839 B
www.BerlinStory.de, E-Mail: Service@BerlinStory.de
Lektorat: Gabriele Dietz
Umschlag: Kerstin Hülsebusch-Pfau
Satz: Kerstin Hülsebusch-Pfau

WWW.BERLINSTORY.DE

Inhalt

Geleitwort von Wolfgang Thierse, Bundestagspräsident a. D. — 6
Einleitung: Von Sturm und Drang zu Amt und Rang — 9
1. Bauten, die Staat machen — 32
2. Berlins Bestimmung — 40
3. Architektonische Botschaften — 48
4. Kult am Bau — 58
5. Assoluto oder Relativo Nero – Das Bundespräsidialamt — 63
6. Böse Bauten – Das Erbe der NS-Zeit — 67
7. Gehry oder Chipperfield? – Das Neue Museum — 72
8. Badezimmer oder Bademäntel – Villa Vigoni am Comer See — 79
9. Noch 'n Gedicht! Im Zeughaus Riga — 85
10. Eine Wette für Pei – Erweiterungsbau des DHM — 90
11. „Die Stunde der Komödianten" – Botschaftsbau in Haiti — 97
12. Eine Adresse für das Bundespresseamt — 102
13. In Rekordzeit: Deutsche Schule Peking — 107
14. Bauen in Kiew — 111
15. Der Koloss von Prora — 121
16. Der Bunker oder Die Festung des Atomzeitalters — 129
17. Die knallgrünen Polster des Palais Beauharnais — 136
18. Aus zwei mach eins – Die neue Botschaft in Mexiko — 145
19. Die unsichtbare Schlüsselübergabe im Neuen Museum — 149
20. Der Invalide an der Invalidenstraße
    – Das Bundesverkehrsministerium — 153
21. Die Schatzkammer des Wissens – Staatsbiliothek UdL — 156
22. Auf dem Peak in Hongkong — 162
23. Chronique scandaleuse – Geschichte des Bundesamtes — 167
24. Ein geheimnisvoller Palast – Der BND-Neubau — 177
25. Supraurbia – Hochhaus und europäische Stadt — 186
26. Ein außerirdischer Fremdkörper
    – ThyssenKrupp vor Staatsratsgebäude — 194
27. Mythos Tempelhof — 198
28. Paulskirche und Wachensturm — 206
29. Ein Denkmal der friedlichen Revolution! — 210
30. Das symbolische Bild der Berliner Republik — 219
31. Bartoszewskis letzter Wunsch – Ein Polen-Denkmal in Berlin — 235
Bildnachweis — 246

GELEITWORT

Die Demokratie als Bauherr – wie oft schon ist diese Beziehung als mühselig, schwierig, konfliktreich beschrieben worden! Wie viele Geschichten des Misslingens, aber auch des Gelingens gibt es. Und ist nicht tatsächlich jedes öffentliche Bauprojekt mit manchmal endlosem Streit verbunden, verbittert oder lustvoll geführt? Komplexe Regelwerke und verwickelte Entscheidungsabläufe bestimmen die Bauherrentätigkeit der Demokratie. Viele dürfen und wollen mitmischen, gegensätzliche Interessen und unterschiedliche Geschmäcker, über die man nicht streiten sollte, es aber umso mehr tut. In temperamentvollen oder kühlmühevollen Jurysitzungen. Mit selbstbewussten, gelegentlich auch eifersüchtigen (Star-) Architekten und nicht weniger eifersüchtigen, selbstbewussten Politikern und Verwaltungsbeamten. (Ich habe als Bundestagspräsident und Vorsitzender der Baukommission des Bundestages nicht wenige solcher Sitzungen erlebt und erinnere mich mit ironischem Vergnügen daran.) Und den Streit ums immer zu knappe Geld nicht zu vergessen.

Ja, die Demokratie ist ein schwieriger, ein schwergängiger Bauherr. Und trotzdem sind in der 70-jährigen Geschichte der Bundesrepublik Deutschland nicht wenige gute und sehr gute und überzeugende Bauten entstanden! Wie das gelungen ist, wie es dabei zuging, das erzählt Florian Mausbach in diesem Buch anhand einiger Beispiele aus der Baugeschichte der deutschen Demokratie. Er erzählt es aus der reichen Erfahrung eines 40-jährigen Berufslebens als Baurat und Bauamtsleiter in Frankfurt, als Baudezernent in Bielefeld und vor allem als langjähriger Chef der Baubehörde des Bundes. Als Präsident des Bundesamts für Bauwesen und Raumordnung war er von 1995 bis 2009 der Bauorganisator des Bundes, hatte also die oberste baupolitische Verantwortung für Projekte und Architekturen, mit denen sich die Republik öffentlich im Land und in der Welt darstellte. Wahrlich eine große Verantwortung.

Mausbach berichtet von den Bauprojekten des Bundes, an denen er selbst beteiligt war, auf die er stolz ist, die er durchlitten hat. Es war ein breites Spektrum architektonischer, bauplanerischer und bauorganisa-

torischer Aufgaben: Umbauten oder neue Gebäude für den Umzug von Parlament und Regierung aus Bonn nach Berlin, zahlreiche deutsche Botschaften, deutsche Auslandsschulen und Kulturbauten im In- und Ausland. Er schildert die gelegentlich umständlichen und konfliktreichen Entscheidungsprozesse und die Debatten, die dem Bauen vorangingen. Er referiert seine ästhetischen und städtebaulichen Argumente in den Auseinandersetzungen und zeigt sich dabei sowohl als Mann der Moderne wie auch als ein Mann mit Traditionsbewusstsein. Mausbach schreibt sachlich-informativ und zugleich anekdotenreich, in einer elegant-verständlichen Sprache jenseits von jeglichem Architektenjargon. Er hat Sinn für Geschichte und für Geschichten.
Entstanden ist ein Rückblick auf das reiche Leben eines Architekten, der von sich – nicht ohne Stolz – anhand des von ihm (Mit-) Gebauten erzählt. Es sind die Memoiren eines „Baudezernenten der deutschen Republik" in entscheidenden Jahren. Und Zeugnis eines nicht nur stadtplanerisch-architektonischen, sondern auch eines politisch-bürgerschaftlichen Engagements, das zuletzt und bis in die Gegenwart dem Freiheits- und Einheits-Denkmal – das die friedliche Revolution von 1989 würdigt – gilt und einem Polen-Denkmal – das der Opfer der deutschen Besatzung gedenkt. Die Fertigstellung und Errichtung beider Denkmäler im Herzen der deutschen Hauptstadt wollen wir noch gemeinsam erleben!

Wolfgang Thierse
Februar 2022

„Das Haus brennt ja noch nicht mal."

Bundeskanzler Konrad Adenauer über den von Architekt Sep Ruf
1963–1966 in Stahl und Glas gestalteten Kanzler-Bungalow seines
Nachfolgers Ludwig Erhardt

*„Mit Leuten, die Teller an die Wände hängen,
streite ich nicht über Architektur."*

Oswald Mathias Ungers, Architket, zum deutschen Botschafter Immo Stabreit
im Streit über die 1994 errichtete neue Residenz in Washington

Einleitung

VON STURM UND DRANG ZU AMT UND RANG

Der um 1850 angelegte Oranienplatz im Berliner Bezirk Kreuzberg war Teil einer von Peter Joseph Lenné geschaffenen Grünachse eines kunstvollen Stadtgrundrisses. Am Oranienplatz, Ecke Naunynstraße mieteten wir 1970 als Architekturstudenten der TU Berlin einen leerstehenden Laden. Unweit verlief die Berliner Mauer. Um wissenschaftliche Theorie und gesellschaftliche Praxis zu verbinden, gründeten wir als „Basisgruppe" ein „Büro für Stadtsanierung und soziale Arbeit". Es war die Zeit der „Sanierung und Entwicklung von Stadt und Land" durch große Verkehrsbauten, neue Hochschulen, Kliniken und Flächensanierungen modernisierungsbedürftiger Altbauquartiere. Der West-Berliner Flächennutzungsplan zeigte anstelle des Oranienplatzes ein Autobahnkreuz. Das gründerzeitliche Kreuzberg SO 36 mit seinen gemischt genutzten Hinterhöfen, Wohnungen ohne Bad, mit Toiletten im Treppenhaus und Kohleöfen, sollte abgerissen werden, um modernen Neubauten zu weichen, wie sie in jenen Tagen am Kottbusser Tor und im Märkischen Viertel in die Höhe wuchsen. Es war auch die Zeit sozialer Unruhe, der Studentenbewegung und außerparlamentarischen Opposition sowie erster Bürgerinitiativen gegen Maß- und Rücksichtslosigkeit des städtebaulichen und sozialen Umbaus.

Sanierung – für wen?
Unsere „Basisgruppe" betrieb Feldforschung durch Befragung der Bewohner des Kreuzberger Sanierungsgebiets und entwickelte zugleich technische Vorschläge für kos-

tengünstige einfache Sanierungsmaßnahmen im sozialen Interesse der Bewohner und des insgesamt erhaltenswerten Baubestandes. In der Textsammlung „Sanierung für wen?" veröffentlichten und übersetzten wir wissenschaftliche Beiträge zur Stadterneuerung aus Europa und den USA. Zugleich mobilisierten wir Widerstand gegen die

Die Textsammlung „Sanierung Für Wen?" vom Mai 1970 mit einem Foto der Kundgebung im März vor dem Bethanien-Krankenhaus in Kreuzberg – der Autor links im Bild unter dem Symbol Weißer Kreis

Florian Mausbach beim „Hände weg von Bethanien"-Appell vor dem Kreuzberger Rathaus am 14. März 1970

zwangsweise Umsiedlung der Bewohner des Sanierungsgebiets und den Kahlschlag in dem gewachsenen Quartier mit seiner hohen architektonischen und urbanen Qualität. Den Höhepunkt bildete die Kampagne zum Erhalt des Bethanien-Krankenhauses am Mariannenplatz. Der pittoreske Backsteinbau der berühmten Architekten Persius und Stüler ist heute ein Baudenkmal samt Apotheke Theodor Fontanes. 1970 sollte er für spekulativen Wohnungsbau abgerissen werden auf Betreiben der Architektin Sigrid Kressmann-Zschach und Prinz Louis Ferdinand von Preußen. „Adel und Kapital Hand in Hand!" lautete die Anklage vor dem Kreuzberger Rathaus. Die Demonstration, in der Ärzte und Krankenschwestern in weißen Kitteln mitzogen, wurde gekrönt von einem Wagen mit der Bethanien-Silhouette unter kreisenden Geiern. Dass rote Fahnen und Mao-Bilder den Zug begleiteten, spiegelte den Geist der 68er-Zeit, so bizarr es heute erscheint.

13 Mäuse für Deng

Es war die Zeit des Vietnamkriegs, der den Blick für die Entwicklungen der Dritten Welt weitete und Anteilnahme weckte für den gesellschaftlichen Wandel, der wie ein Beben die ganze damalige Welt ergriff. Die Niederschlagung des Prager Frühlings 1968 und das zum kriegerischen Grenzkonflikt am Ussuri 1969 zugespitzte Zerwürfnis Chinas und der Sowjetunion beunruhigten die Welt und führten zur vorsichtigen Öffnung Chinas zum Westen.

Nach dem Diplom 1971 ging ich mit einem Studienkollegen und Kreuzberger Mitstreiter als Stadtplaner nach Düsseldorf. Doch lockten uns und auch meine Frau Ursula Neugier und Abenteuerlust in die Ferne. In Bad Godesberg trafen wir uns 1972 in einem China-Restaurant mit Journalisten der *Xinhua News,* um Arbeitsmöglichkeiten in China zu besprechen. Herr Wang Shu, später erster Botschafter der Volksrepublik China in Bonn, fragte mich: „Herr Mausbach, Sie haben Architektur studiert, haben Arbeit und verdienen jetzt gut. Aber was ist, wenn Sie zurückkommen aus China? Erwarten Sie keine Schwierigkeiten?" Ich erwiderte: „Ich will doch kein Beamter werden."

Der Autor an seinem Arbeitsplatz im Fremdsprachen-Verlag Peking 1976

Mit einem Zweijahresvertrag als Lektoren im Fremdsprachen-Verlag Peking reisten wir zu dritt ins unbekannte China. Anfang Januar 1976 erlebten wir in Peking die Trauer um den verstorbenen Zhou Enlai und den Streit um seine Nachfolge als Ministerpräsident. Der designierte Nachfolger Deng Xiaoping wurde zum Ziel der

Ursula und Florian Mausbach (mit Kamera) am 4. April 1976 in Peking unter den um den verstorbenen Ministerpräsidenten Zhou Enlai trauernden Volksmassen auf dem Platz des Himmlischen Friedens

kulturrevolutionären Linksradikalen um Maos Frau Djiang Tjing. Deng wurde als „kapitalistischer Machthaber in der Partei" kritisiert und wegen seiner pragmatischen Haltung – „Ob die Katze schwarz ist oder weiß, ist mir egal, Hauptsache, sie fängt Mäuse" – als schwarz-weiße Katze karikiert. Als die Kollegen unserer deutschen Abteilung im Fremdsprachen-Verlag Deng in Wandzeitungen kritisieren mussten, zeichnete auch ich eine kleine Wandzeitung mit einem Zitat, das ich in einer Rede Zhou Enlais entdeckt hatte, und zierte es mit 13 kleinen Mäusen:

„Sich zusammenschließen und nicht Spaltertätigkeit betreiben! Offen und ehrlich sein und sich nicht mit Verschwörungen und Ränken befassen! Mao Tsetung."

Im Treppenhaus des Verlags bildete sich eine lange Schlange Neugieriger bis in den vierten Stock zum Mäuse-Hsiaozibao, der kleinen

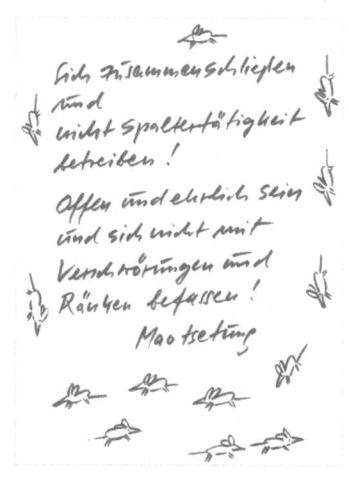

Mäuse-Hsiaozibao

Zeitungslektüre zu Haus im Friendship Hotel Peking – an der Wand ein Rollbild zum Sturz der Viererbande

Wandzeitung. Es hatte sich schnell in Peking herumgesprochen. „Warum 13?" Ich hatte sie nicht gezählt. „Eine Unglückszahl!" Der Verlagsdirektor entschied, sie hängen zu lassen, bis auch alle anderen abgehängt wurden. Von der Abteilungsleiterin wurde ich in unserer Wohnung aufgesucht und förmlich zur Zurückhaltung ermahnt. Beim Hinausgehen hielt der dolmetschende Kollege inne und drückte mir fest beide Hände. Von Übersetzungen Deng-kritischer Artikel wurde ich fürderhin verschont.

Es war dieses Mao-Zitat, mit dem noch im selben Jahr der Sturz der Linksradikalen verkündet werden sollte. Mao war im Juli 1976 gestorben. An einem Sonntag im Oktober wurde ich in die Druckerei gerufen, um das Zitat aus dem Englischen ins Deutsche zu übersetzen, ergänzt um den Satz: „Ihr sollt keine Viererbande bilden! Lasst das sein!" *Si Ren Bang* – Vier Mensch Bande – Gang of four – Viererbande. Ein offizieller Leitartikel verbreitete mit dem Mao-Zitat in allen Zeitungen des Landes den Wechsel der politischen Führung und des politischen Kurses.

Deng Xiaoping wurde 1977 rehabilitiert, um – so Helmut Schmidt – das „größte Reformwerk der Geschichte" zu beginnen. Dem Sieg der Reformer aber ging voraus, dass die Bevölkerung im April 1976 offen Partei ergriff, als sie zu Hunderttausenden am Volkstrauertag mit Kränzen und Blumen zum Platz des Himmlischen Friedens strömte, um mit der demonstrativen Trauer um Zhou Enlai ihren Unmut über die Machtambitionen von Maos Frau Djang Tjing zu bekunden. Es war Trauer, die die Welt veränderte.

Bei einem offiziellen Abschiedsessen wurden uns Fotos Deng Xiaopings mit seiner persönlicher Dankeswidmung überreicht. Einen Holzschnitt meiner Frau Ursula von Deng Xiaoping ließ sich Erwin Wickert bei seiner Verabschiedung als deutscher Botschafter von Deng persönlich signieren. Meine Frau folgte einem Rat des Botschafters – zurück in Deutschland bewarb sie sich 1978 mit Erfolg um ein Kunststudium an der Städelschule in Frankfurt am Main. Mir half ein Empfehlungsschreiben des Botschafters beim Wiedereinstieg ins bürgerliche und berufliche Leben.

Deng und Pei

Als wir Ende 1977 China über die Hochhausstadt Hongkong verließen, blickten wir zurück auf ein Peking, das uns mit seinen eingeschossigen Hofhäusern, winkligen Gassen, Fahrrädern, Transportkarren und Lastkraftwagen als riesiges Dorf erschien, im Zentrum der Kaiserpalast und einzelne Staatsbauten im sino-sowjetischen Stil. Heute dominieren Hochhäuser und Autostraßen die dynamisch wachsende Metropole. Als Deng Xiaoping den Architekten Ioh Ming Pei 1978 nach Peking als Ratgeber zur Pekinger Stadt-

Foto von Deng Xiaoping mit persönlicher Widmung, 1977

entwicklung einlud, wurde ihm angeboten, in der historischen Stadtmitte Hotelhochhäuser für Touristen zu bauen. In der Nachbarschaft des Kaiserpalastes? Pei lehnte entsetzt ab. Er entwarf stattdessen ein Hotel in den Xiangshan-Bergen, den Duftenden Bergen unweit des Sommerpalastes, in einer Symbiose aus chinesischer Tradition und Moderne. Die Hochhauspläne um den Kaiserpalast wurden aufgegeben, Hochhäuser in einem Umkreis von 1000 Metern um den Kaiserpalast verboten. Das war, wie Pei mir zwanzig Jahre später in Berlin erzählte, seine Bedingung, unter der allein er bereit war, an Gestaltungsregeln für die historische Mitte Pekings mitzuwirken.

Mainhattan

Das Thema Hochhäuser fasziniert mich bis heute. Nach der Rückkehr in die Heimat und dem Zweiten Staatsexamen in Städtebau wurde mir 1982 als Baurat z. A. (zur Anstellung) der Stadt Frankfurt am Main als erster Auftrag ein Gestaltgutachten zur Frankfurter Innenstadt vorgelegt. Ich sollte

Der Autor auf dem Dach des Technischen Rathauses vor Paulskirche und Hochhauskulisse in Frankfurt am Main

dazu Stellung nehmen. Ganz anders als der Gutachter Prof. Martin Einsele, der weitere Hochhäuser in Frankfurts City strikt ablehnte, sah ich in Hochhaus-Cities die Marktplätze der globalisierten Welt und in der Frankfurter Hochhaus-City eine Existenzbedingung der Finanz- und Verkehrsmetropole. Ich empfahl eine integrierte Weiterentwicklung der Hochhaus-City in die Zentren und Achsen der gewachsenen Stadtstruktur unter Beachtung schutzwürdiger Gründerzeitquartiere wie Westend und Bahnhofsviertel: Erhaltung und Entwicklung. Als persönlicher Referent des Planungsdezernenten, später als Leitender Baudirektor in Frankfurt half ich, diesen Leitsatz durch Erhaltungssatzungen für Gründerzeitquartiere und historische Ortskerne sowie einen neuen Hochhaus-Entwicklungsplan umzusetzen.

Die Idee eines freistehenden Hochhauses als „Campanile" neben dem einst als „Kathedrale des Verkehrs" gefeierten Frankfurter Hauptbahnhof entwickelte ich zunächst heimlich mit dem Frankfurter Architekten Helmut Joos. „Nicht vor der Wahl!", hatte es geheißen. Denn die Unruhen und Hausbesetzungen im Frankfurter Westend als Protest gegen dessen Zerstörung durch Hochhausspekulation hatten zu einem generellen Hochhausstopp geführt. Das Café Laumer im Westend, in dem schon Adorno seinen Kaffee getrunken hatte, sollte einem Hochhaus weichen. Durch spektakuläre Hausbesetzungen, darunter auch des späteren Außenministers Joschka Fischer, zum Symbol verfehlter Stadtentwicklung geworden, wurde es zum horrenden Preis eines Hochhausgrundstücks von der Stadt gekauft und in einem Akt öffentlicher Buße gerettet. Vor diesem Hintergrund war Vorsicht geboten.

Heinrich Klotz, dem Gründungsdirektor des Deutschen Architekturmuseums Frankfurt, hatte ich mich anvertraut, im Café Wacker beim Goethehaus. Begeistert von der phantasievollen neuen Hochhausgeneration in Amerika, ermutigte er mich. Planungsdezernent Dr. Hans Küppers konnte ich für eine Hochhaus-Besichtigungstour in die USA gewinnen, eine Reise des Planungsausschusses folgte. In Washington beim abendlichen Wein flüsterte mir der für die Grünen mitreisende Lutz Sikorski zu: „Ich darf es ja nicht laut sagen, aber ich finde Hochhäuser toll!"

Der Campanile sollte Vorbild sein für eine neue Hochhausarchitektur – stadtverträglicher Standort, gut erreich-

Campanile am Frankfurter Hauptbahnhof, Vogelperspektive, Ausschnitt aus Stadtplan

bar durch öffentlichen Verkehr und eine das Stadtbild bereichernde Architektur. Wir planten ein gemischtes Büro- und Hotelhochhaus mit Kino und Ladenpassage im Sockel und Aussichtsrestaurant in der Spitze – mit 254 Metern das höchste und erste Stahlhochhaus in Europa. Die 1989 kurz vor der Wahl noch erteilte Baugenehmigung wurde durch eine neue politische Mehrheit angefochten und der fertig geplante Turm gekippt. Die Grünen wirkten jetzt in der Stadtregierung mit; sie hatten im Wahlkampf „Kein Haus höher als ein Baum!" plakatiert.

Der gescheiterte Campanile aber gab den Anstoß zum Messeturm von Helmut Jahn und einer neuen Frankfurter Hochhausgeneration über 150 Meter. Heute feiern die Frankfurter – auch die Grünen – ihre Hochhaus-Silhouette mit „Wolkenkratzer-Festivals". Der gemeinsam mit dem Architekten Jochem Jourdan entwickelte Vorschlag für einen Campanile an der Großmarkthalle Martin Elsässers im Frankfurter Ostend wurde wurde um die Jahrtausendwende wieder aufgegriffen. Als Jourdan mit der Suche nach einem Standort für die Europäische Zentralbank beauftragt wurde, musste er nur den alten Plan aus der Schublade holen.

Ein neuer Börneplatz

In den 1980er Jahren erlebte die Stadt Frankfurt am Main nach Jahren der Bauspekulation und Häuserkämpfe eine Rekultivierung: Der Römerberg erhielt mit einer Fachwerkzeile ein historisches Gesicht, die Alte Oper wurde als Konzerthaus wiederaufgebaut und am Main entstand das Museumsufer. Zum Streit kam es um die Erweiterung der Stadtwerke am Börneplatz, auf dem Gelände der von Max Beckmann verewigten, 1938 zerstörten Synagoge. Der Bebauungsplan aus den 1950er Jahren sah ein Parkhaus vor. Der Wettbewerb war bereits ausgeschrieben, als Salomon Korn, junger Architekt des jüdischen Gemeindezentrums im Westend, protestierte. Im Preisgericht – Salomon Korn war als Gast geladen – weckte ich sein Interesse für einen Entwurf, der durch Verzicht auf ein Wohnhaus Raum für einen neuen Börneplatz als Gedenkstätte bot. Ich lief ins Rathaus zu Dr. Gauland, dem persönlichen Referenten des Oberbürgermeisters: „Der OB muss ins Preisgericht kommen, um einen möglichen Skandal zu verhindern. Es gibt eine Lösung." Dr. Wallmann kam, ließ sich den Entwurf erläutern und versprach in der Pressekonferenz bei der Vorstellung des preisgekrönten Entwurfs des Schweizer Architekten Ernst Gisel einen Denkmal-Wettbewerb – ein Mahnmal für die ermordeten Frankfurter Juden auf einem neuen Börneplatz neben dem Jüdischen Friedhof. Jahre später wurde es nach dem Entwurf von Wandel Lorch Architekten errichtet – ein großer Steinkubus aus Resten des früheren Ghettos inmitten eines Platanenhains, an der Außenmauer des Alten Jüdischen Friedhofs Namen und Lebensdaten der Opfer.

Es war eine Zeit des Umdenkens. Emigrierte Frankfurter Juden wurden jedes Jahr in die Stadt eingeladen. Am Mainufer wurde das erste Jüdische Museum der Bundes-

Neuer Börneplatz als Mahnmal für die ermordeten Frankfurter Juden – an der Außenmauer des Alten Jüdischen Friedhofs Namen und Lebensdaten der Opfer

republik errichtet. Den damaligen Stadtkämmerer Ernst Gerhardt traf ich später gelegentlich in Berlin. Wir sprachen auch über die Börneplatz-Bebauung, die er rückblickend bedauerte: „Ich hätte der Jüdischen Gemeinde das Synagogen-Grundstück schenken sollen."

Oetkers Teehaus

1990 wurde ich vom Rat der Stadt Bielefeld zum Bau- und Planungsdezernenten gewählt, verantwortlich für Stadtplanung, Verkehr, Hochbau, Bauaufsicht, Denkmalschutz und Stadtvermessung. Bei meiner Wahl im Stadtparlament geschah Unerwartetes: Der stadtbekannte Flitzer „Ernie" flitzte nackt durch den Saal, hinter ihm her meine neue Kollegin, die Ordnungs- und Personaldezernentin Iris Magdowski. Das kann ja heiter werden, dachte ich. Doch im Rückblick, nach einer fünfjährigen Amtszeit von 1990 bis 1995, konnte ich mit Fug und Recht sagen: Es gibt keinen schöneren Beruf für einen Architekten und Stadtplaner, als im direkten Dialog mit Kommunalpolitik und Bürgerschaft im Kleinen und Großen Stadt zu gestalten.

Als ich, frisch im Amt, zur Besprechung eines Bauvorhabens der Familie Oetker ins Baudezernat einlud, erhielt ich als Rückantwort eine Einladung in die private Villa der Oetkers. Da es sich um eine amtliche Besprechung eines Bauvorhabens handelte, lehnte ich die Einladung ab. „Wollen Sie sich in Bielefeld gleich mit der Familie Oetker anlegen?", fragte mich Oberstadtdirektor Dr. Hausmann. Der Apotheker August Oetker hatte in der Bielefelder Altstadt 1891 das praktische Backpulver-Tütchen erfunden, aus dessen spektakulärem Erfolg sich der heutige große Familienkonzern entwickelte – mit Sitz in Bielefeld. Die Heimatstadt verdankt Familie und Unternehmen viel, so die Rudolf-Oetker-Halle oder die von Phillip Johnson gestaltete Kunsthalle. Maja Oetker, die Gattin des Konzernchefs, engagierte sich im Stadtrat als Kommunalpolitikerin. Der Oberstadtdirektor vermittelte einen Kompromiss. Die Baubesprechung fand in einem Sitzungssaal des Unternehmens statt. Am langen Tisch in großer Runde saß Rudolf August Oetker, das Oberhaupt des Familienunternehmens, der laut FAZ „den Puddinghersteller zum Weltkonzern" ausgebaut hatte. Er begrüßte mich als neuen Baudezernenten seiner Heimatstadt und fragte nach meiner Ansicht zu dem geplanten Bauvorhaben. Das an einem Hang oberhalb Bielefelds gelegene Grundstück lag brach seit einem Bombenangriff im Jahr 1944, bei dem vier Familienmitglieder zu Tode kamen. Jetzt sollte dort ein Seniorenstift entstehen. Ein reicher Baumbestand hatte sich über die Jahrzehnte entwickelt. Der sollte weichen, um das gesamte Grundstück behindertengerecht eingeschossig zu bebauen. Ich empfahl stattdessen, die Baumasse mit Panoramablick auf Bielefeld am Rand des Hanges zu konzentrieren, mehrgeschossig, mit Aufzügen, um so die Bäume für eine Parkgestaltung zu erhalten. „Warum eigentlich", fragte ich zum Schluss, „soll das alte Teehaus abgerissen werden? Es wäre doch ein schöner Treff für die Senioren." Oetker fuhr auf: „Das Teehaus? Abgerissen? Da habe ich als Kind gespielt! Wir machen das so, wie Sie gesagt haben, Herr Mausbach!"

Mit Filzstift und Bronze

In der ersten Planungsausschuss-Sitzung, an der ich teilnahm, sollte der Bebauungsplan für ein neues Wohngebiet beschlossen und dafür ein schöner alter Fachwerkkotten geopfert werden. Ich bat um Bedenkzeit und sprach mit dem Chef der Bielefelder Wohnungsbaugesellschaft. Wir einigten uns, den Kotten zu erhalten und als Kindergarten herzurichten. Dies gab den Anstoß für ein Buch, das für den Schutz der „Höfe, Kotten und Mühlen" warb, die mit ihrem schwarz-weißen Fachwerk-Raster und großen grünen Toren das wellige Ravensberger Land prägen.

Ein neuer Flächennutzungsplan sollte her. Angesichts des Verwaltungs- und Zeitaufwandes schlug ich stattdessen ein Stadtentwicklungskonzept vor. Ein erst verspotteter „Filzstiftplan" wurde schrittweise konkretisiert, in allen Ortsteilen erörtert, schließlich vom Rat als „Räumliches Stadtentwicklungskonzept" förmlich beschlossen – als eine auch vom Detmolder Regierungspräsidenten anerkannte Grundlage für notwendige Änderungen des Flächennutzungsplans.

Dem öffentlichen Ärger über den Bearbeitungsstau bei Bebauungsplänen konnte – damals etwas Neues – durch Beauftragung freier Planer abgeholfen werden. Architektur- und Städtebau-Wettbewerbe mit überregionalen Teilnehmern wie Hans Kollhoff und Mario Campi erregten Aufmerksamkeit über Ostwestfalen hinaus. Noch so umfangreiche Verkehrsgutachten konnten mich nicht überzeugen, dass wegen des U-Bahn-Baus die Herforder Straße nicht mehr nach Herford führen sollte. Der Kauf eines Metzgerladens schuf Platz für U-Bahn-Treppe und Aufzug und auf der Herforder Straße eine zweite Fahrspur – nach Herford. Dafür erhielt der Metzgermeister – gestaltet vom Architekten der Bielefelder Universität Klaus Köpke – einen schönen und einträglichen Bratwurststand auf dem belebten Jahnplatz. Das Schaffen eines Wahrzeichens, das allen gefallen sollte, für den neugestalteten Jahnplatz erwies sich als noch schwieriger: etwas Grünes, etwas Abstraktes oder ein Denkmal für Turnvater Jahn? Nach zwei gescheiterten Wettbewerben bat ich Max Wehberg, einen jungen Bildhauer aus der Plätze, Gärten und Skulpturen gestaltenden Hamburger Wehberg-Familie, gemeinsam mit seinem Partner Jan Borstel um einen Entwurf für eine markante Uhr als kleinstem gemeinsamen Nenner. Eine Bielefelder Traditionsfirma konnte ich als Mäzenin gewinnen. Heute schmückt die „Alcina-Uhr" als dekorativer, elf Meter hoher

Alcina-Uhr auf dem Jahnplatz in Bielefeld

Bronze-Keil den zentralen Platz der Stadt als Treffpunkt für Besucher und Verliebte.

Aber auch Scheitern gehört zum Erfolg. So die Wiederbelebung eines alten Bielefelder Traums von einem großen See bei Schildesche, für den die Stadt zum Schutz vor Überschwemmungen und zur Freizeiterholung über Jahrzehnte Grundstücke erworben hatte. Die wiedererweckten populären Pläne scheiterten am neuen Umweltdezernenten. Zur Wiederbelebung des ostwestfälischen Pferderennsports hatte ich unter den großen Bielefelder Familienunternehmen Förderer für eine Galopprennbahn geworben. Unter dem Vorsitz des Gründers der Firmen Schüco und Granini, dem Unternehmer Heinz Schürmann, wurde ein Rennverein gegründet. Ein Grundstück in der sandigen Senne im Süden Bielefelds war gefunden. Sein Erwerb aber scheiterte am Pietismus der Eigentümer. Die Bodelschwinghschen Anstalten schauderte es vor Pferdewetten und Champagnerfeiern.

Bauen für die Berliner Republik

Bundesbau- und Umzugsminister Klaus Töpfer ernannte mich 1995 zum Präsidenten der Bundesbaudirektion. Die Vereidigung und Vorstellung vor den neuen Mitarbeitern fand im leeren DDR-Staatsratsgebäude in Ost-Berlin statt, das dem Bauminister vorübergehend als Sitz diente. Das Staatsratsgebäude wurde zeitweilig zum öffentlichen Forum für die künftige Stadtentwicklung Berlins mit Ausstellungen zu Wettbewerben und mit lebendigen Diskussionen zur Zukunft Berlins. Als Bundeskanzler Gerhard Schröder dort seinen Sitz nahm, bevor er in das fertige Kanzleramt im Spreebogen zog, wurde er gefragt, warum er den Wiederaufbau des Schlosses befürworte. Mit Blick aus dem Fenster auf den Palast der Republik und den riesigen, als Parkplatz genutzten Aufmarschplatz davor antwortete er: „Weil es schön ist."

Als ich 1995 in Berlin mein Amt antrat, war ich noch voller Unsicherheit und Ungewissheit angesichts der vor mir liegenden Aufgabe und Verantwortung. Mut und Zuversicht aber machte mir ein überraschendes und befreiendes Schauspiel: die Verhüllung des Reichstags! Mit Tausenden begeisterter Besucher pilgerte ich täglich zum Platz der Republik, um staunend und feiernd das Glück eines unglaublichen Wunders zu genießen, die Verwandlung des mächtigen dunklen Reichstags in ein heiter strahlendes,

Reichstagsverhüllung des Künstlerehepaars Christo und Jeanne-Claude 1995

monumentales Kunstwerk, eingehüllt in eine silbern glänzende Folie, verzaubert durch die Magier Christo und Jeanne-Claude: ein weltweit Aufsehen erregendes Zeichen für den Wandel Deutschlands und seiner Hauptstadt und den Aufbruch in eine neue, bessere Zeit.

Die Bundesbaudirektion wurde am 1. Januar 1998 erweitert um wissenschaftliche Aufgaben durch die Fusion mit der Bundesforschungsanstalt für Landeskunde und Raumordnung zum Bundesamt für Bauwesen und Raumordnung (BBR). Als dem Bundesbauministerium nachgeordnete Bundesbaubehörde ist sie verantwortlich für die Bauten des Bundes in der Hauptstadt Berlin, der Bundesstadt Bonn und für zivile Bauten im Ausland. Mit der Wiedervereinigung waren diplomatische DDR-Grundstücke in aller Welt in Bundesbesitz gelangt, über deren Weiterverwendung oder Verkauf zu entscheiden war. Die wieder entstandenen Staaten des ehemaligen Ostblocks erforderten den Bau neuer Botschaften und Kulturinstitute. Hauptaufgabe aber war die bauliche Vorbereitung des Umzugs von Parlament und Regierung von Bonn nach Berlin. Dafür war ein Finanzpaket von zwanzig Milliarden DM geschnürt worden.

Klaus Töpfer traf die erste wichtige politische Entscheidung: die Weiternutzung aller Staatsbauten, auch die aus DDR und Drittem Reich. Unsere erste Bauaufgabe war die Auswahl erfahrener Architekten, Planer, Projektsteuerer und Baufirmen für die Neu- und Altbauten der nach Berlin umziehenden Ministerien der Bundesregierung. Bei Neu- und Erweiterungsbauten wurden internationale Wettbewerbe ausgeschrieben, bei den Altbauten vereinfachte Gutachterverfahren. Für die Bauten im Spreebogen – Bundestag und Kanzleramt – war eine eigens gegründete Bundesbaugesellschaft tätig, die, wie auch die Bauverwaltung der Oberfinanzdirektion, nach Fertigstellung ihrer Projekte im Bundesamt für Bauwesen und Raumordnung aufging. Das

BBR hat heute etwa 1.200 Mitarbeiter in Bonn und Berlin.

Wie sollte sich das wiedervereinigte und souveräne Deutschland in Berlin und im Ausland in seinen neuen und alten Bauten präsentieren? Schon im ersten Berliner Staatsbau, dem Bundespräsidialamt mit seiner klassisch-geometrischen Form und steinernen Fassade, spiegelt sich der Wandel des staatlichen und gesellschaftlichen Selbstverständnisses von der Bonner zur Berliner Republik. Oder im Kanzleramt der mutigen Architekten Schultes und Frank, das in seiner mächtigen Palastgestalt mit Ehrenhof und abstrahierter Säulenfront Bundeskanzler Schröder bei seinem Einzug zu der beschwichtigenden Bemerkung veranlasste: „Hier wird nicht geherrscht, sondern regiert."

Chronik Bau und Raum, 2007

Alle Bundesbauten wurden und werden künstlerisch ausgestaltet. Bauminister Töpfer erwirkte im Kabinett einen Beschluss zur Gründung einer Kunstkommission, die beratend die vielen Kunst-am-Bau-Wettbewerbe begleitete. Besonders bei „historisch kontaminierten Bauten" wie dem ehemaligen Propagandaministerium von Goebbels half Kunst, eine neue Atmosphäre zu schaffen.

Zu unseren schönsten Aufgaben gehörten staatliche Kulturbauten wie die Erneuerung und Erweiterung des barocken Zeughauses als Deutsches Historisches Museum sowie die Bauten der Stiftung Preußischer Kulturbesitz, mit Höhepunkten wie dem Wiederaufbau der Ruine des Neuen Museums auf der Museumsinsel und des Berliner Schlosses als Humboldt Forum.

Im Ruhestand

Seit 2009 verfolge ich als Pensionär mit Interesse und Engagement die Stadtentwicklung Berlins, als städtebaulicher Berater, gelegentlich als Autor und Journalist, auch als Mitglied eines Vereins, der alle drei Jahre den Berliner Architekturpreis verleiht und im KutscherHaus am George-Grosz-Platz zu Baukultur und Stadtentwicklung Vorträge veranstaltet. In einem deutsch-polnischen Förderverein bemühen wir uns mit Unterstützung beider Bürgermeister der deutsch-polnischen Doppelstadt Guben-Gubin an der Neiße um den Wiederaufbau der kriegszerstörten Villa Wolf im heute polnischen Gubin. Das moderne Erstlingswerk Ludwig Mies van der Rohes aus dem Jahr 1926, eine in den Neißehang gestaffelte abstrakte Backsteinskulptur, war ein Meilenstein der Baugeschichte. Es soll als Europäisches Mies-van-der-Rohe-Museum Gubin wiederaufer-

Villa Wolf von Ludwig Mies van der Rohe, Guben 1927

Ausgegrabene Keller der Villa Wolf, Gubin 2021

stehen, originalgetreu wiedererrichtet als wichtigstes begehbares, erlebbares Ausstellungsstück, im Schwerpunkt der Ausstellung das europäische Werk des deutsch-amerikanischen Baumeisters. Im Frühsommer 2021 haben polnische Archäologen im Auftrag der Stadt Gubin die Überreste des Hauses ausgegraben und für eine Überraschung gesorgt: Die Keller des Hauses sind noch in großen Teilen erhalten.

Als Bürger, nicht als Beamter, hatte ich bereits 1997 zusammen mit dem DDR-Bürgerrechtler Günter Nooke und anderen eine Initiative für ein Denkmal der Friedlichen Revolution ins Leben gerufen. Es soll, und so hat es auch der Bundestag beschlossen, als Denkmal der Freiheit und Einheit „von unten" auf der Schlossfreiheit entstehen, auf dem leeren Sockel des ehemaligen wilhelminischen Nationaldenkmals der ersten deutschen Einheit „von oben". Nach zwei Jahrzehnten Irrungen und Wirrungen, nach einem gescheiterten und einem gelungenen Wettbewerb ist im Mai 2020 der Bau des siegreichen Wettbewerbsentwurfs „Bürger in Bewegung" von Milla und Partner end-

Skizze eines Freiheits- und Einheitsdenkmals auf der Berliner Schlossfreiheit. Eigenentwurf des Autors vom 15. Juni 2009

lich in Angriff genommen worden: eine bewegt-bewegende, schwingende Schale mit den Losungen der Bürgerrevolution „Wir sind das Volk. Wir sind ein Volk."

2017 verfasste ich, angeregt durch unseren in Warschau lebenden Sohn, einen Aufruf für ein Denkmal für die Opfer der deutschen Besatzung Polens 1939–1945 am Askanischen Platz vor dem Hintergrund der Ruine des Anhalter Bahnhofs. Erstunterzeichner des Aufrufs an den Deutschen Bundestag und die deutsche Öffentlichkeit waren die ehemaligen Bundestagspräsidenten Rita Süssmuth und Wolfgang Thierse, der Direktor der Topographie des Terrors Andreas Nachama und der damalige Direktor des Deutschen Polen-Instituts Dieter Bingen. Im Deutschen Bundestag sammelte Manuel Sarrazin, Vorsitzender der Deutsch-Polnischen Parlamentariergruppe, Stimmen für einen Antrag. An der Weltkriegsruine des Anhalter Bahnhofs fand am 1. September 2019 zum 80. Jahrestag des Überfalls auf Polen eine Gedenkfeier statt. Ehrengäste waren Bundestagspräsident Wolfgang Schäuble und seine polnische Kollegin Sejm-Marschallin Elżbieta Witek.

Am 30. Oktober 2020 forderte der Deutsche Bundestag die Bundesregierung auf, an prominenter Stelle in Berlin einen Ort zu schaffen, der den polnischen Opfern des Zweiten Weltkriegs und der nationalsozialistischen Besatzung Polens gewidmet ist. Am 15. September 2021 wurde von Außenminister Heiko Maas der Öffentlichkeit ein Konzept für einen „Ort des Erinnerns und der Begegnung mit Polen" vorgestellt. Es beginnt mit den Sätzen: „Ein zentrales Element des Ortes des Erinnerns und der Begegnung mit Polen sollte ein Denkmal sein."

Erinnerungen und Geschichten

Unter Freunden und Bekannten erzähle ich gelegentlich in Anekdoten und Geschichten aus meiner Zeit als staatlicher Baumeister. „Schreib das doch mal auf!", heißt es dann. „Das sind doch Erlebnisse, die nicht nur uns interessieren!" Und so begann ich, die Erinnerungen und Geschichten aufzuschreiben. Sie sollen, anschaulich, lehrreich und unterhaltsam, von der großen, einzigartigen Aufgabe des Hauptstadtwiederaufbaus berichten, vom Wandel der Staatsarchitektur von der Bonner zur Berliner Republik und von den Mitspielern auf und hinter der Bühne dieser Haupt- und Staatsaktion. Es sind Ausschnitte aus persönlichem Blickwinkel, die, auch wenn sie neben Licht auch Schatten zeigen, von einem großen Erfolg berichten, vom Glück und Stolz einer wiedervereinigten deutschen Hauptstadt.

Kapitel 1

BAUTEN, DIE STAAT MACHEN

„Kann irgendeine Staatsform tiefste historische Wurzeln schlagen, ohne die Steine reden zu lassen? Ein Staat, der nicht baut und nicht hervorragend baut, der lebt nicht. Er lebt jedenfalls nicht im Volke. Ihm mangelt die gesteigerte Achtung und Ehrfurcht, die von der Baukunst ausgeht. Mag sein, dass das Erhabene unserer Zeit nicht eigen ist. Ebenso wichtig aber ist es, dass nur Hervorragendes und nicht Mittelmäßiges Begeisterung im Volke erzeugt."

Martin Wagner, Berliner Stadtbaurat 1929

Am 20. Juni 1991 beschließt der Deutsche Bundestag den Umzug von Parlament und Regierung nach Berlin. In der denkbar knappen Mehrheit von 337 zu 320 Stimmen äußert sich Unsicherheit und Zögern, die Souveränität des wiedervereinigten Deutschlands auch in der äußeren Repräsentanz der wiedervereinigten historischen Hauptstadt sichtbar zu machen. Der Deutsche Bundestag zieht, eher widerwillig, in den alten Reichstag, obwohl dieser ein historisches Monument deutscher Demokratie darstellt. Gegen die Krönung des Gebäudes durch eine Kuppel – Teil der historischen Kuppellandschaft Berlins und seit je ein Würdezeichen der Souveränität – sträubt sich nicht nur der Architekt Sir Norman Foster. Erst gegen anhaltenden Widerstand gelingt es dem unbeirrbaren Franken Oscar Schneider – er hatte schon als Bundesbauminister den Architekten Gottfried Böhm um Ideen für eine Kuppel gebeten – als Abgeordnetem im Bundestag, die Kuppel schließlich durchzusetzen. Die Entscheidung in der Baukommission fällt mit einer Stimme Mehrheit! Heute ist die große gläserne und begehbare Kuppel das Symbol der Berliner Republik und die Menschen stehen Schlange, um hinaufzusteigen, in den Plenarsaal hinabzuschauen und den Blick über die Hauptstadt schweifen zu lassen.

Der Literaturwissenschaftler Viktor Klemperer, der als Jude das „Dritte Reich" in Dresden überlebte, notierte in seinem Tagebuch am 11. August 1934: „Ich glaube, der 11. August war der ‚Verfassungstag' der Republik. Dieses ‚ich glaube' ist charakteristisch; die Feier wurde nie populär, nie mit Schwung und Resonanz durchgeführt. Die Republik war in diesem Punkt allzu protestantisch; sie vertraute allzu sehr auf das Geistige und verachtete das Sinnliche, sie überschätzte das Volk. Bei der gegenwärtigen Regierung ist das Gegenteil der Fall, und sie übertreibt dieses Gegenteil ins Unsinnige."

Reflex und Reaktion auf diese Übertreibungen ins Unsinnige und Barbarische bestimmten die architektonische Haltung der Nachkriegszeit. Bescheidenheit im öffentlichen Auftritt und Untertreibung staatlicher Repräsentation waren in dieser Zeit notwendig zur Selbstfindung der Nachkriegsdemokratie, zur behutsamen Wiedergewinnung staatlicher und moralischer Souveränität und Anerkennung.

Staatsarchitektur im Wandel

Die provisorische Bundeshauptstadt Bonn hatte sich in den 1950er und 1960er Jahren in der bescheidenen Architektur der Zeit als mehr zufällige Ansammlung einzelner Regierungsbauten entwickelt. In Bonn ragten in dieser Zeit nur wenige Gebäude durch ihre Architektur heraus – wie das Bundeshaus von Hans Schwippert und der von Egon Eiermann entworfene „Lange Eugen", das nach dem Bundestagspräsidenten Eugen Gerstenmeier benannte Bürohochhaus des Bundestags.

Bonner Kanzlerbungalow von Sep Ruf, Innenansicht

Aber schon in den 1970er Jahren forderte Prof. Carlo Schmid – einer der Väter des Grundgesetzes – als Preisrichter in einem Wettbewerb für Bonner Bundesbauten: „Die Neubauten sollen die Bundesrepublik würdig, nicht in Gigantismus, sondern als Monument repräsentieren, wobei zwischen Bescheidenheit und Schäbigkeit ein Unterschied besteht." Dies kann für einen Bau gelten, der weniger die Staatsmacht als die Staatsgeschäfte repräsentierte, doch über Jahrzehnte mit der Großskulptur des britischen Bildhauers Henry Moore zum täglichen Fernsehbild der Republik werden sollte: das Bonner Kanzleramt.

Auch im Ausland pflegte die Bonner Republik eine zurückhaltende Architektursprache, die mit Vorliebe als deutsche Ingenieurbaukunst auftrat. So beeindruckte die Bun-

Bonner Kanzlerbungalow von Sep Ruf, Außenansicht

desrepublik in Washington mit einer Botschaftskanzlei von Egon Eiermann in einer technisch raffinierten, eleganten, zugleich aber schlichten und modernen Architektur aus Glas und Stahl. Diese „Haltung der Zurückhaltung" wurde vom Ausland mit Sympathie beobachtet. So bemerkte *Le Figaro* mit Blick auf den vorangegangenen martialischen Neoklassizismus erleichtert, Deutschland sei „zurückgekehrt vom kolossalen in den ruhigen Garten der klugen Kinder Europas".

Genau drei Jahrzehnte später wird, ebenfalls in Washington, in der Nachbarschaft der Kanzlei, ein Bau errichtet,

Botschaft der Bundesrepublik Deutschland in Washington von Egon Eiermann

der in den deutschen Feuilletons heftigen Streit auslöst – die neue Botschafterresidenz von Oswald Mathias Ungers. Sie beweist im Habitus antikisierender Villenarchitektur einen neuen freien und modernen Umgang mit Architekturgeschichte. Mit dem Wiederaufgreifen historischer Architekturtypologien bricht Ungers ein Tabu, denn die Bonner Republik misstraut jedem Blick zurück. In den USA aber findet die neue Residenz Gefallen und wird mit einem Architekturpreis bedacht.

Foyer der Botschaftskanzlei Washington von Egon Eiermann

Gleichzeitig entsteht in Bonn ein glänzendes architektonisches Spätwerk der Bonner Republik. Günter Behnisch, Wettbewerbsgewinner von 1973, erhält den Auftrag für den Neubau des Deutschen Bundestages, ein Bau, der, 1988 begonnen, erst nach der Wiedervereinigung fertig werden soll. Behnischs Architektur ist zum Inbegriff eines architektonischen Stils geworden, der den Alleinanspruch erhebt, durch freie individuelle Gestalt und gläserne Transparenz Demokratie zu repräsentieren.

Foyer der deutschen Botschaftsresidenz von O. M. Ungers

Altbaurecycling

Der Umzug aus dem unschuldigen Bonn nach Berlin, in die Stadt „mit Vergangenheit", weckt Sorgen und äußert sich in einer Architekturdebatte über Staatsarchitektur in der Demokratie und den Umgang mit „historisch kontaminierten Bauten". Entgegen der anfänglich erhobenen radikalen Forderung nach deren Abriss fällt auf Empfehlung des Bundesbau- und Umzugsministers Klaus Töpfer die Entscheidung, die Gebäude umzunutzen und neu zu widmen. Das „Altbaurecycling" wird zum Programm. Auch soll die Geschichte in geschützten Baudenkmälern in ihrem Auf und Ab sichtbar bleiben. Die Bundesregierung bezieht in der alten Reichshauptstadt zu neunzig Prozent Altbauten, frühere Regierungssitze Preußens, des Kaiserreichs, der Weimarer Republik, des Dritten Reichs und der DDR. So residiert das Auswärtige Amt heute in der ehemaligen Reichsbank, dem späteren Sitz von ZK und Politbüro der SED, das Arbeits- und Sozialministerium in Goebbels' Propagandaministerium und das Finanzministerium in Görings Luftfahrtministerium. Teils durch Neubauten erweitert und ergänzt, architektonisch im Innern umgestaltet und durch zeitgenössische Kunst atmosphärisch verwandelt, zeugen sie, ohne die Vergangenheit zu leugnen, von einem selbstkritischen und selbstbewussten Umgang mit Geschichte. Die ältesten Bundesbauten, die friderizianischen Invalidenhäuser und die wilhelminische Militärakademie, sind, mit einem Neubau verbunden, zum Wirtschaftsministerium geworden. Der durch Neubauten ergänzte neoklassizistische Bendlerblock am Landwehrkanal erinnert als Verteidigungsministerium an seine Militär- und Widerstandsgeschichte. Alt und Neu vereinen sich auch in der doppelten Staatsbibliothek: Unter den Linden der neobarocke Bau des Hofarchitekten Ihne, über dessen kriegszerstörtem Großen Lesesaal jetzt ein lichter Kubus leuchtet, und im Kulturforum im Westen Berlins die freie Zeltarchitektur von Scharouns Staatsbibliothek. Von Geschichte und Gegenwart erzählt das Deutsche Historische Museum im einst barocken Zeughaus Andreas Schlüters, mit neoklassizistischen Umbauten der DDR und der Erweiterung von Ieoh Ming Pei. Neben den politischen und kulturellen Staatsbauten erneuern und entwickeln sich eine Vielzahl staatlicher wissenschaftlich-technischer Forschungsinstitute – ihr Ursprung liegt meist in der Gründerzeit.

Die neue Mitte
Wie in einem aufgeschlagenen Bilderbuch erzählt das heutige Berliner Stadtbild in baulichen Zeugnissen, Spuren und Narben von Jahrzehnten und Jahrhunderten, in denen die Stadt Geschichte gemacht hat, im Guten wie im Bösen. In seinem neuen Parlaments- und Regierungsviertel im Spreebogen zeigt die Hauptstadt ein gewandeltes demokratisches Gesicht, das sich zu seiner Geschichte bekennt und zugleich offen und erwartungsvoll in die Zukunft blickt. Ehrwürdig der Reichstag, mit neuem Plenarsaal Sitz des Bundestages, das Kanzleramt vis-à-vis im Selbstwertgefühl wiedergewonnener staatlicher Souveränität. Von ausgesuchten zeitgenössischen Architekten großzügig gestaltete Parlamentsbauten verbinden im Brückenschlag über die Spree die noch jüngst geteilte Stadt. Im Umkreis erweitern Bundesministerien in historischen oder modernen Regierungsbauten die neue staatliche Mitte Berlins. Vor den Toren der historischen Stadt residiert unweit im Tiergarten im Schloss Bellevue der Bundespräsident. Im ehemaligen Preußischen Herrenhaus am Leipziger Platz tagt der Bundesrat. In den historischen Ministergärten haben Vertretungen der Bundesländer ihren zentralen Ort gefunden. Anders als in den gesonderten Bonner Regierungsvierteln sind die Bundesbauten ein integrierender Bestandteil der Hauptstadtmitte.

Um den ehemaligen Todesstreifen der geteilten Stadt ist eine neue staatsbürgerliche Mitte der Hauptstadt und der Republik entstanden – nicht als die hier einst geplante, Furcht einflößende Monumentalachse, sondern als lebendiges Spannungsfeld einer vielfältigen bedeutungsreichen Stadtlandschaft. Der Große Tiergarten, durch unterirdische Bahnen und Straßen geschont, prägt mit seinem Grün und mit Gedenkorten die neue Hauptstadtmitte. Symbole und Erinnerungen begleiten den Besucher auf seinem Weg von Nord nach Süd: der brand- und kriegsversehrte Reichstag mit der Glaskuppel, das Sowjetische Ehrenmal, das Nationaldenkmal Brandenburger Tor und das Stelenfeld des Holocaust-Mahnmals. Über den Potsdamer Platz mit Mauerresten unter markanten Hochhäusern führt der Weg zum Abgeordnetenhaus im ehemaligen Preußischen Landtag, zur Topographie des Terrors auf dem Gelände des Reichssicherhauptamts und zur Weltkriegsruine des Anhalter Bahnhofs am Askanischen Platz. Dort erinnert ein Dokumentationszentrum an Flucht und Vertreibung, soll ein Exilmuseum der Zwangsemigration nach 1933 gedenken und – so ein Aufruf – auch ein Denkmal an die Opfer der deutschen Besatzung Polens 1939–1945.

Kapitel 2

BERLINS BESTIMMUNG

Während die von den Römern gegründeten Städte München, Frankfurt und Köln oder die mittelalterliche Hansestadt Hamburg aus ihrer Region geboren und mit ihr verwachsen sind, ist Berlin eine Insel im historisch spät entwickelten Osten Deutschlands. Die westdeutschen Großstädte bündeln und steigern seit vielen Jahrhunderten die wirtschaftlichen und kulturellen Kräfte und Potenziale ihrer Region. Selbst die Architektur spricht dort Dialekt. Berlin kennt keine Schützenfeste, keine Trachten- und Fastnachtsumzüge. Berlin feiert den „Karneval der Kulturen" aus aller Welt. Die größte Stadt Deutschlands hat kein regionales Gesicht und Naturell. Berlin, *ab urbe condita* Kolonialstadt und Einwandererstadt, ist eine Allerweltsstadt. Mit historischen Abstiegen und Aufstiegen wechseln die Einwohner. In Berlin Geborene waren und sind in der Minderheit. So muss die Stadt sich immer wieder neu erfinden.

Die traditionellen Regionen im Westen identifizieren sich mit ihren Hauptstädten wie der Körper mit seinem Kopf. Die Brandenburger aber halten Distanz zu Berlin. In einer Volksabstimmung 1996 lehnten die 2,5 Millionen Brandenburger mehrheitlich eine Fusion ihres Flächenstaats mit dem Stadtstaat Berlin ab. Ein Grund wird die unterschiedliche Zusammensetzung der Bevölkerung sein. Bis zum Fall der Mauer war die Bevölkerung in Ost-Berlin und Brandenburg durch die vier Jahrzehnte währende Abschottung sehr homogen. Brandenburg ist es noch. Das eingemauerte West-Berlin erlebte trotz staatlicher Bleibesubventionen eine starke Abwanderung in den Westen und eine wachsende Immigration aus dem Ausland. So hat Berlin außerhalb der Türkei die größte türkische Gemeinde in Europa, die in den West-Bezirken Kreuzberg und Neukölln mit weiteren nahöstlichen Immigranten das Stadtbild prägen. Kriegsflüchtlinge aus Syrien machen Berlin seit 2015 einmal mehr zum Begegnungsort von Orient und Okzident. Der Fall des Eisernen Vorhangs eröffnete die Immigration aus Mittel- und Osteuropa und dem Balkan. Die nach den Türken zweitgrößte Immigrantengruppe, im Stadtbild unauffällig, ist die wachsende Zahl der Neubürger aus unserem Nachbarland Polen. Und wie ein Wunder ist die heute weltweit am schnellsten wachsende jüdische Gemeinde die in Berlin.

Von der Elektropolis zur Digitoplis
Berlin war einst die größte Industriestadt des Kontinents und Finanzzentrum des Deutschen Reiches. Nach Krieg und Teilung ist die Industrie zum großen Teil in den Westen abgewandert – wie der Elektrokonzern Siemens aus der Siemensstadt nach München – und die Banken sind zurückgekehrt in ihre Geburtsstadt Frankfurt am Main. Im

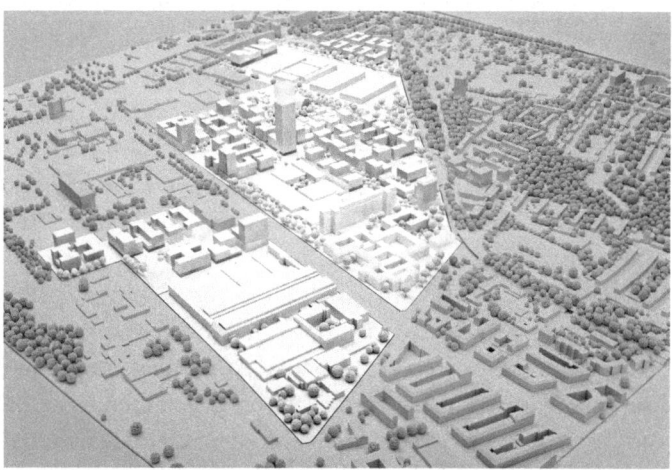

Modell SIEMENSSTADT ² (Siemensstadt Square), Wettbewerb Neugestaltung Siemensstadt Berlin. O&O Baukunst mit Landschaftsarchitekten capattistaubach

Ostteil der Stadt bedeutete das Ende der DDR den Zusammenbruch der verstaatlichten Industrie. Das wiedervereinigte Berlin benötigte deshalb nach dem Verlust staatlicher Berlin-Förderung in Ost und West erst einmal 25 Jahre Zeit für wirtschaftlichen Wiederaufbau und finanzielle Konsolidierung.

Der Umzug von Regierung und Parlament in die alte Hauptstadt hat Berlin Auftrieb gegeben mit neuem Bundespersonal und großzügiger Förderung von Infrastruktur und Kultur. Mit seiner im Stadtbild ablesbaren Geschichte, seiner wiedergewonnenen Weltoffenheit und Vielfalt und seiner lebendigen Alternativ- und Hochkultur hat die deutsche Hauptstadt an weit ausstrahlender Attraktivität gewonnen mit stetig steigenden Besucherzahlen. In jüngster Zeit wächst auch die Bevölkerung wieder kräftig. 100 Jahre nach der Bildung Groß-Berlins im Jahre 1920 scheint die damalige Zahl von vier Millionen Einwohnern wieder erreichbar.

Es gibt zwei wichtige Trends, die die wirtschaftliche Entwicklung der deutschen Hauptstadt bestimmen, die Metropolisierung und die Digitalisierung. Die Metropolisierung durch höherwertige Dienstleistungen aller Art äußert sich in wachsender zentraler Büronachfrage, die Digitalisierung durch internetbasierte Wirtschaft und Informationstechnologie im strukturellen Wandel von Wirtschaft und Gesellschaft.

Industriebrachen, leerstehende, oft denkmalgeschützte Fabrikbauten und Hallen, Gewerberäume in Hinterhöfen und preiswerter freier Wohnraum boten in drei Jahrzehnten nach dem Mauerfall Spielräume für Kreativität und neue wirtschaftliche Entwicklung. Dies lockte von nah und fern junge Leute, hier ihre Chance zu suchen. Ungeplant und unerwartet hat sich Berlin mit einer wachsenden Zahl von Start-ups zu einem Zentrum der Digitalwirtschaft gemausert. Die urbanen Gründerzeitquartiere mit ihrer

„Berliner Mischung" aus Wohnen, Gewerbe, Kultur und Gastronomie sind zum Nährboden einer neuen kreativen Start-up-Szene der Digitalwirtschaft geworden, einer neuen kommunikativen Arbeitswelt der Co-Working Spaces.

Die Umgestaltung der klassischen Industrie mit Hilfe der kreativen Technologie- und Digitalwirtschaft zu einer digital gesteuerten „Industrie 4.0" wird Industrie, Gewerbe, Handwerk, Handel und Finanzen in neuer Weise verflechten und revolutionieren. Einen unerwarteten Schub hat die jüngste Pandemie der Digitalisierung gegeben mit erzwungenem Homeoffice und Online-Versandhandel. Berlins exzellente Hochschullandschaft, seine Technologiezentren und die kreative Digitalwirtschaft können die einstige Elektropolis Berlin zu einer neuen Digitopolis machen.

Preußen und Amerika

In den Jahrzehnten nach dem Mauerfall sind mit preußischen Fluchtlinien und Traufhöhen unter der ordnenden Hand der Stadtplanung vertraute Stadtkörper und Stadträume wiedererstanden, ist das durch Krieg und Mauer zerstörte Gesicht Berlins in charakteristischen Zügen wieder erkennbar geworden. Diese Renaissance Berlins als „europäische Stadt" wird bereichert durch den Schutz von Baudenkmälern sowie die historisch getreue oder zeitgenössische „kritische Rekonstruktion" von Geschichte und Stadtbild prägenden Einzelbauten und Ensembles. Berlin aber war immer auch Pionierstadt, Stadt der Moderne und in seinen besten Zeiten Preußen und Amerika. Deshalb darf ein zum Dogma erstarrtes Leitbild nicht zum Hindernis der Weiterentwicklung Berlins zu einer modernen Metropole werden.

Dass markante Hochhäuser das Stadtbild bereichern, beweisen die Türme am neuen Potsdamer Platz und am

Bahnhof Zoo. Türme stehen schon rund um den Fernsehturm am Alexanderplatz und neue entstehen.

Die Schloss- und Museumsinsel ist mit den Kulturbauten Unter den Linden und dem in einer Collage des Architekten Franco Stella aus Alt und Neu als Humboldt Forum auferstandenen Schloss zum weltweit bedeutenden Kulturzentrum wiedererweckt und erneuert worden. Im Westen erweitert sich in der Nachbarschaft des Potsdamer Platzes das Kulturforum zur Museumsinsel der Moderne. Als sonntäglich-besinnliche Kulturinseln bilden sie einen Kontrast zur alltäglichen geschäftig-kommerziellen Urbanität. Dies gilt auf andere Weise auch für die neuen populären geschichtsträchtigen öffentlichen Parks, in denen das Rasenbetreten nicht verboten, sondern erwünscht ist – das von den Bürgern eroberte Tempelhofer Flugfeld der stillgelegten „Mutter aller Flughäfen" (Sir Norman Foster), der Park am Gleisdreieck und der Mauerpark am Prenzlauer Berg. Über die Gestaltung des Freiraums zwischen Schloss und Fernsehturm ist das letzte Wort noch nicht gesprochen. Im Osten der kulturellen weltbürgerlichen Mitte Berlins, der Museumsinsel, bilden das Rote Rathaus und

Der Schlüterhof des Humboldt Forums mit drei rekonstruierten barocken Flügeln und einem modernen anstelle des vorbarocken Quergebäudes

Die neue Kolonnaden-Passage von Franco Stella vom südlichen Portal II zum nördlichen Portal IV. Im Hintergrund die Kolonnade von Schinkel

das benachbarte Stadthaus die noch wenig entwickelte stadtbürgerliche Mitte der Stadt. Es ist neben der staatsbürgerlichen Mitte des hauptstädtischen Parlaments- und Regierungsviertels die zweite politische Mitte Berlins.

Berlin wächst über sich hinaus

Berlin erlebt ein neues rasantes Wachstum in Wirtschaft und Bevölkerung. Die Talsohle ist durchschritten, es geht wieder bergauf. Auf die Mühen des Abstiegs aber folgen neue Mühen des Aufstiegs.

Der Aufschwung macht die Stadt beliebt und teuer. Die gewachsene Nachfrage nach Büros und Wohnungen lässt Bodenpreise und Mieten steigen. Die Mieterstadt Berlin braucht bezahlbaren Wohnraum. Umso mehr als Sanierung und aufwendige Modernisierung mit sozialer Verdrängung und Umwandlung von Stadtquartieren einhergehen. Früher in Ost und West zum Abriss bestimmte Gründerzeitquartiere haben sich zu attraktiven Wohn- und Start-up-Standorten entwickelt.

Die Stadt wird dichter und drängt in die Höhe. Wirtschaftlicher Druck wird zwangsläufig rund um die zentralen Knotenpunkte des öffentlichen Verkehrs zu Hochhaus-Citys führen, nicht in einer einzigen durchgehenden Hochhaus-Silhouette, sondern in einer Dramatisierung der Stadtsilhouette an Standorten wie Alexanderplatz, Bahnhof Zoo, Potsdamer Platz, Hauptbahnhof und anderen Bahnhöfen. Wohnhochhäuser an Wasserlagen, Parks und Stadträndern bieten Chancen für Berlin als metropolitanem Wohnort. Neue Wohn- und Arbeitsquartiere sollten in „Berliner Mischung" mit Co-Working und Co-Living von der Beliebtheit sozial und nutzungsgemischter Gründerzeitviertel lernen. Die Stadt wächst über ihre Grenzen hinaus. Im Nachbarland Brandenburg entstehen im „Speck-

Hochhaus-Ensemble am Alexanderplatz – Simulation Kleihues + Kleihues

gürtel" rund um Berlin an Einfallstraßen und Bahntrassen neue Siedlungen und Gewerbegebiete. Es bedarf einer koordinierten großräumigen Regionalentwicklung, um Berlin und Brandenburg zu einer europäischen Metropolregion zu machen.

Um aus seiner Insellage herauszuwachsen, ist Berlin auf Luftbrücken und gute Fernverbindungen angewiesen. 2020 ist endlich der langersehnte Großflughafen Berlin-Brandenburg in Betrieb gegangen. Es wird damit gerechnet, dass allein aus dem Nachbarland Polen 25 Prozent seiner Fluggäste kommen. In seiner Verbindung zum benachbarten Mittel- und Osteuropa liegt die besondere Chance Berlins als europäische Metropole.

Die „Bestimmung Berlins" aber sei die einer „Kolonialstadt", urteilte Karl Scheffler 1910 in seinem berühmten, jüngst wieder aufgelegten Buch *Berlin – ein Stadtschicksal*: „Trotz seiner Europäisierung und Amerikanisierung wird Berlin eine östliche Stadt auch ferner sein, abhängig im Wesentlichen von der Geschichte des Ostens."

Der Osten Europas mit seinen weiten Perspektiven ist im Umbruch und Werden begriffen. Die Entwicklung der heute selbstständigen Staaten des einstigen Ostblocks wird Europas Wirtschaftsraum weit nach Osten ausdehnen und Berlin geografisch und wirtschaftlich in die Mitte Europas rücken. So kann Berlin inmitten Brandenburgs zur Brücke werden zwischen Ost und West, die Kolonialstadt und Pionierstadt mit Migrationshintergrund zum magnetischen Pol in der Mitte Europas.

Kapitel 3

ARCHITEKTONISCHE BOTSCHAFTEN

Als in den frühen 1950er Jahren ein Hochhaus für das Auswärtige Amt am Bonner Rheinufer entstehen sollte, war das der Beginn des städtebaulichen Wandels zur provisorischen Bundeshauptstadt. Doch es regten sich besorgte Stimmen. Für das beschauliche Bonn war die neungeschossige Hochhausscheibe eine Herausforderung. Konrad Adenauer, Bundeskanzler und zugleich Außenminister, wollte sich ein Bild von dem geplanten Gebäude machen. Der Vorschlag der Bundesbaudirektion, an Ort und Stelle mit vier Ballons an den geplanten Ecken des Hauptbaukörpers Höhe und Wirkung des künftigen Auswärtigen Amtes zu simulieren, gefiel ihm. Um 9 Uhr früh kam Adenauer mit Vertretern der Stadt Bonn von Rhöndorf aus in einem „Böötchen" den Rhein herabgefahren, um das Experiment zu beurteilen. Es war heftiger Wind aufgekommen, der die Ballons hin und her schwanken ließ, doch Adenauer war's zufrieden. Er hatte sich ein ungefähres Bild von Höhe und Breite seines künftigen Amtes gemacht und gab seine Zustimmung.

Das auch „1000-Fenster-Haus" benannte Gebäude mit seinem großen „Weltsaal" war die Mutter aller Botschaften, die zur Aufnahme diplomatischer Beziehungen der jungen Bundesrepublik in der Welt errichtet wurden. Neuer politischer und kultureller Geist sollte auch in architektonischen Botschaften vermittelt werden. Sie waren nicht zuletzt Teil des sich entwickelnden kulturellen Kalten Krieges zwischen Ost und West.

Erste Botschaften nach dem Krieg

Die erste bundesdeutsche Botschaft sollte in dem von der Sowjetunion umworbenen, gerade aus der Kolonialherrschaft entlassenen unabhängigen Indien entstehen. Der Botschaftsneubau in Neu-Delhi sollte bescheiden auftreten, in Respekt vor dem Gastland. Das Ergebnis des Architektenwettbewerbs aber, durchweg in Achsen und Symmetrien angeordnete Botschaftskomplexe, wurde als zu autoritär verworfen. Der Preisträger Johannes Krahn – er hatte zusammen mit Rudolf Schwarz die Paulskirche in Frankfurt am Main als Nationaldenkmal wiederaufgebaut – wurde gemeinsam mit Architekten der Bundesbaudirektion zu einem neuen Entwurf aufgefordert. Es gelang ihnen, angeregt durch regionale indische Architektur und Le Corbusiers neuer indischer Stadt Chandigarh, ein beeindruckendes Ensemble moderner und zugleich ortsbezogener repräsentativer Architektur. 1959 eröffnet, wurde die von Meuser Architekten stilvoll erneuerte und farblich aufgefrischte Botschaft 2009 zum 60. Jahrestag der Aufnahme diplomatischer Beziehungen entsprechend gefeiert.

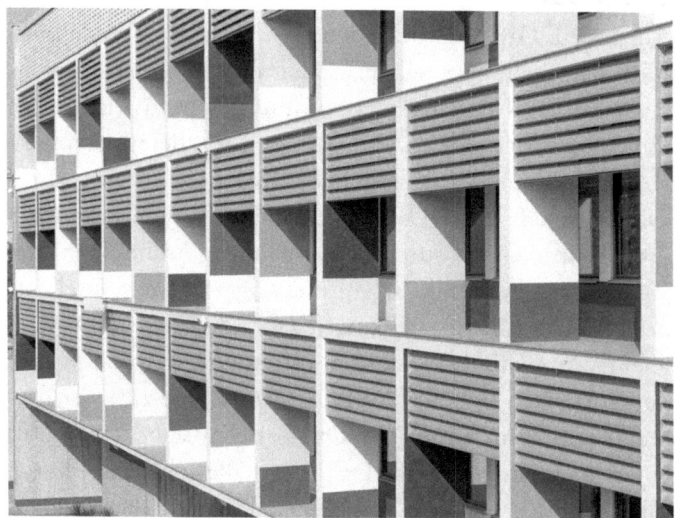

Deutsche Botschaft Neu-Delhi, 1959 – Johannes Krahn mit Bundesbaudirektion, 2009 erneuert von Meuser Architekten

Als 1964 in Washington die neue Botschaftskanzlei des Architekten Egon Eiermann eröffnet wurde, ein elegant schwebender Bau in Ingenieursästhetik, lobte die *Washington Post* die Wahl des Architekten. Er habe das Problem der „architektonischen Diplomatie" schon mit seinem Pavillon auf der Brüsseler Weltausstellung glänzend gelöst. Der Bundesrepublik sei es gelungen, „jede auffällige und bombastische Gestaltung zu vermeiden, die grimmige Erinnerungen an dieses und jenes andere Deutschland aus der Vergangenheit wiedererwecken könnte." Bedeutend als diplomatische Nachkriegsarchitektur ist die Kanzlei und Residenz in Brasilia aus dem Jahr 1971. Die organisch geschwungene Doppelanlage von Hans Scharoun erinnert als Großskulptur an seine zur selben Zeit entstehende Staatsbibliothek im Berliner Kulturforum. Besonders die frei über mehrere Ebenen fließenden lichten Empfangsräume der Residenz beeindrucken bis heute als Zeugnis eines neuen offenen und lebendigen Geistes.

Ost-Moderne

Auch die DDR hatte sich nach dem Ende des Neoklassizismus der Stalin-Ära einer modernen Architektursprache zugewandt. Neben der Monotonie des industrialisierten Bauens in Plattenbauweise gab es auch herausgehobene Bauten mit individuellem baukünstlerischem Anspruch. Die Botschaft der DDR in Budapest aus dem Jahr 1968 von Heinz Graffunder, dem späteren Architekten des Palastes der Republik, schaffte es sogar auf das Titelblatt der DDR-Architekturzeitschrift *Deutsche Architektur*. Vielleicht war es die besondere Stimmung in der Hauptstadt der „lustigsten Baracke des Sozialismus", die zu einer freieren Architektur ermutigte. Die Botschaftskanzlei, die mit einer mehrgeschossigen Empfangshalle prunkte, durch Oberlicht und gläserne Wände hell erleuchtet, mit umlau-

Ex-DDR-Botschaft in Budapest von Heinz Graffunder, heute genutzt als Goethe-Institut, von Scheffler Architekten, Frankfurt a. M.

fender Galerie, angrenzendem Kaminzimmer, Sitzungsräumen und Gartenterrasse, hätte, wie entsprechende Pläne unseres Amtes zeigten, als kulturelles Denkmal gelungener „Ost-Moderne" dem vereinten Deutschland als Goethe-Institut dienen können. Das Budapester Goethe-Institut aber scheute den Einzug in das DDR-Gebäude. Und so fiel es, wie die Finanzinspektorin des Auswärtigen Amtes befürchtet hatte, an die „verschworene Budapester Immobilienszene".

Neue Botschaften

Unglück im Glück der Wiedervereinigung traf die bereits im Rohbau errichtete Residenz des Ständigen Vertreters der Bundesrepublik in der DDR. Für die vom Sieger des Wettbewerbs Christoph Mäckler entworfene markante Klinkerskulptur wurde 1988 in Ost-Berlin der Grundstein gelegt, doch fiel der fast fertige Bau 1990 mit Überwindung der Teilung gleichsam mit der Mauer.

Das schlichte Bürohaus der Pariser Botschaftskanzlei aus dem Jahr 1963, vom Architekten der Bundesbaudirektion Kurt Sadewasser, wurde 2019 saniert und die Fassade profiliert. Überhaupt zeichnet sich die Botschaftsarchitektur jüngster Zeit durch eine Abkehr vom nüchternen Funktionalismus der 1960/70er Jahre aus. Beispiele für eine poetische, phantasievolle Weiterentwicklung moderner Architektur sind die Botschaftsbauten in Peking von Kammerer und Beltz, in Mexico City von Volker Staab, in Santiago de Chile von Dieter Baumewerd und die in Tokio von Mahler, Günster, Fuchs.

Für die Kanzlei und Residenz in Warschau aus dem Jahr 2008 ummantelte der Architekt Holger Kleine die Fassade seiner bewegten Großskulptur mit einem Blattwerkmuster auf grün gefärbten Betonplatten. Außenminister Fischer gefiel es. Dass die deutsche Botschaft in Warschau einen bevorzugten Platz in einem Park in der Nachbarschaft des polnischen Parlaments erhalten hat, war nicht selbstvständ-

Deutsche Botschaft Warschau, Architekt Holger Kleine

lich, sondern Zeichen neuer guter Nachbarschaft im gemeinsamen Europa. In der 1944 von deutschen Truppen zerstörten polnischen Hauptstadt hatten im Nachkriegspolen weder die DDR noch die Bundesrepublik eine repräsentative Botschaft errichten können.

Deutsche Botschaft Warschau, Fassadendetail

Turmbotschaften

In einem postmodernen 25-geschossigen Hochhaus sind in New York die Ständige Vertretung Deutschlands bei den Vereinten Nationen und das deutsche Generalkonsulat untergebracht. Auch in Indonesiens Hauptstadt Jakarta residiert die Botschaft in einem Bürohochhaus. Es ist nicht ungewöhnlich, dass in sich verdichtenden Hauptstädten Botschaftskanzleien und Konsulate als Verwaltungsbauten in Bürohochhäusern ihren Sitz haben. Als in Kuala Lumpur, der Hauptstadt Malaysias, der Bau einer neuen Botschaftskanzlei anstand, bot sich ein herausragender Standort an. Mit Blick auf das damals höchste Hochhaus der Welt, die Petronia Twin Towers, lag die leerstehende deutsche Botschaftsresidenz, ein Bungalow, am Rande der ehemaligen Pferderennbahn der britischen Kolonialherren. Rund um diese in einen weitläufigen Erholungspark umgewandelte Rennbahn entwickelte sich eine Hochhaus-Skyline. Wir schlugen dem Auswärtigen Amt das Residenz-Grundstück als Kanzlei-Standort vor – als Zwillingsturm. Um das Planungsrecht zu klären, reise ich mit einem Modell, einem Testentwurf unseres Planungsreferats, nach Kuala Lumpur, wo mir im städtischen Planungsamt die Bebaubarkeit mit einem Doppelhochhaus bestätigt wurde. Gemeinsam mit Auswärtigem Amt und Bundesbauministerium wurde ein Konzept für ein „Deutsches Haus" entwickelt, das in zwei Türmen die Botschaftskanzlei und außerdem das Goethe-Institut und die Außenhandelskammer mit Büros für deutsche Firmen vorsah. Ein solches Konzept hätte bei erheblich gesteigertem Grundstückswert eine öffentlich-private Partnerschaft und Finanzierung vorausgesetzt. Das aber schien dann doch zu kompliziert. Diplomaten sind keine Projektentwickler. Und so wurde das Grundstück am Ende als „Wohngrundstück" verkauft.

Die Mutter aller Botschaften

Die ehemalige Reichsbank ist im wiedervereinigten Berlin zum Sitz des Auswärtigen Amtes und damit zur neuen Mutter aller Botschaften geworden. 1933 hatte die Reichsbank einen Wettbewerb ausgeschrieben, an dem auch Mies van der Rohe, Walter Gropius, Hans Poelzig und Heinrich Tessenow teilnahmen. Hitlers Wahl fiel auf den Baudirektor der Reichsbank Heinrich Wolff und dessen Entwurf im Stil des Neoklassizismus der 1930er Jahre. Hinter der historisierenden Sandstein- und Granitverkleidung mit steinern gerahmten Fensteröffnungen und vorkragendem Dachgesims verbarg sich ein damals hochmoderner Stahlskelettbau. Die große Kassenhalle überraschte mit amerikanischer Großzügigkeit, mit Wandgemälden und einer Art-Déco-Lichtdecke. Nach dem Krieg wurde das mächtige Gebäude zum Sitz des SED-Zentralkomitees und Machtzentrum der DDR. Die bauliche Umgebung wurde samt Schinkels Bauakademie aus Sicherheitsgründen freigeräumt. 1990 verschwand das große Parteiabzeichen von der Fassade. In das „Haus der Parlamentarier" umbenannte Gebäude zog nach Schließung des Palastes der Republik wegen Asbestbelastung die am 18. März frei gewählte Volkskammer. Sie beschloss im Großen Sitzungssaal des Hauses den Beitritt zum Geltungsbereich des Grundgesetzes und den Vertrag der deutschen Einheit. Der Sitzungssaal ist als historisches Dokument in seiner von den Deutschen Werkstätten Hellerau gestalteten Fassung weitgehend erhalten. Ebenso der Saal des Politbüros, dessen Stirnwand heute statt Marx und Lenin ein Bild Bismarcks schmückt, des Gründers des Auswärtigen Amtes.

In der Kommission zur Auswahl des Architekten für die Umgestaltung des Reichsbankgebäudes zum Auswärtigen Amt fiel die Wahl auf Hans Kollhoff. Er hatte sich mit dem Künstler Gerhard Merz beworben, um durch architektonische wie künstlerische Mittel dem „politisch kontaminierten" Bau eine neue Atmosphäre zu geben. Mit Kollhoff war – passend zum Auswärtigen Amt – ein moderner Architekt mit konservativer Haltung gefunden, den das steinerne Massiv und seine Gespenster nicht schreckten. Seine Konzeption, die verschütteten oder verbauten Qualitäten der Architektur wieder herauszuarbeiten, den Bau durch

Foyer des Auswärtigen Amtes, Architekt Hans Kollhoff mit Gerhard Merz

Glas und Farbe aufzuhellen und Innenräume und Flure durch Türen und Wandverkleidungen in amerikanischer Kirsche aufzuwerten, hat überzeugt. Die Kassenhalle ist zu einem neuen festlichen „Weltsaal" geworden für internationale Konferenzen aller Art. Die Barcelona-Sessel im Foyer und die gelbe steinerne Onyxwand im Presseraum sind eine Hommage an Mies van der Rohe.

Den Wettbewerb für den Erweiterungsbau gewannen die jungen Berliner Architekten Thomas Müller und Ivan Reimann. Um einen offenen Hof mit Blick auf Schinkels

*Große Eingangshalle des Auswärtigen Amtes – Erweiterungsbau
Thomas Müller Ivan Reimann Architekten*

Friedrichswerdersche Kirche gruppiert sich die Zentrale Verwaltung des Auswärtigen Amtes. Die geräumige Bibliothek schaut aus großen Fenstern hinüber zum Schlossplatz. Der gläserne Lichthof dient mit Café, Zeitungskiosk und wechselnden Ausstellungen der „Public Diplomacy". Seit dem 11. September 2001 aber ist der Lichthof nur noch mit Personenkontrolle zugänglich. Es ist ein Datum, das die Architektur verändert hat. In vielen gefährdeten Regionen der Welt verwandeln sich Botschaften in Festungen.

Kapitel 4

KULT AM BAU

Erster Spatenstich, Grundsteinlegung, Richtfest, Schlüsselübergabe – seit alters her wird das Bauen von kulturellen Ritualen begleitet, quasireligiösen Feiern und Zeremonien, in denen die existentielle Bedeutung des Baus eines Hauses, sei es groß oder klein, zum Ausdruck kommt.

Gebäude werden für Generationen errichtet, sie überdauern nicht selten, wenn sie nicht Kriegen, Erdbeben oder Feuersbrünsten zum Opfer fallen, viele Jahrhunderte. Dies gilt umso mehr für Staatsbauten von öffentlicher und gesellschaftlicher, politischer und kultureller Bedeutung.

Erster Spatenstich

„Jetzt geht's endlich los!", verheißt der erste Spatenstich. Ob Ministerium, Museum oder Botschaft, über den Neubau ist bereits viel gesprochen und geschrieben worden, über seinen Sinn und Zweck, die Kosten, den Standort. Über den Wettbewerb ist berichtet und der Siegerentwurf des Architekten vorgestellt worden. Auf der Baustelle aber ist noch nicht viel zu sehen, rot-weiße Flatterbänder, die den Umriss des Gebäudes andeuten, vielleicht ein Baucontainer, ein Schaufelbagger. Die Spaten stehen bereit: Auf ihrem eisernen Blatt ist das Ereignis eingraviert. Zum Spatenstich sind nur wenige erschienen, Politiker, Bauherr, künftiger Nutzer, Architekt, Bauunternehmer. Die Hoffnung auf das langersehnte Bauwerk lässt ihre Gesichter strahlen. Nebeneinander und gut gelaunt stechen sie die Spaten in die Erde. Klick! Klick! Klick! Das pressewirksame Foto ist da.

Grundsteinlegung

Den Grundstein für ein Gebäude zu legen, ist eine andere, ernstere Sache. Schon die Bibel spricht von dem feierlichen Brauch, einen „Eckstein" oder „Grundstein" zu setzen. Im alten Ägypten wurde vom Pharao selbst der „Eckstein" für den Tempel gesetzt. Auch heute nimmt die Grundsteinlegung bei bedeutenden öffentlichen Bauten nicht selten die Form eines Staatsakts an, an dem außer führenden Persönlichkeiten aus Politik und Kultur, Kirche und Gesellschaft, Bauwirtschaft und Verwaltung auch eine größere Zahl geladener Gäste teilnimmt und nicht zuletzt Presse, Funk und Fernsehen. Baukräne und Baucontainer sind aufgestellt, ein Bauzaun ist errichtet, die Baugrube ausgehoben und die Arbeiten zur Gründung und Fundamentierung haben begonnen.

Die Zeremonie der Grundsteinlegung wird von festlicher Musik begleitet. Im Fundament ist für den Grundstein ein besonderer Platz vorbereitet. Zunächst wird eine Kartusche gefüllt, ein Blechgefäß als eine Art „Zeitkapsel", eine Botschaft an die Nachwelt. Unter lautem Verlesen der Beigaben werden Tageszeitungen hineingelegt, ein Satz geltender Münzen, die Ausführungspläne des Architekten, ein Grundgesetz und eine Urkunde zur Grundsteinlegung. Dann wird die Kartusche verlötet, in den hohlen Grundstein versenkt und dieser mit einem Stein vermauert. Wenn zum feierlichen Schluss der Zeremonie die Ehrengäste zum Grundsteinhammer greifen, brandet Applaus auf. Unter Segenssprüchen wird mit drei symbolischen Hammerschlägen der Grundstein gelegt.

Richtfest

Zum Höhepunkt eines jeden entstehenden Bauwerks wird das Richtfest. Ursprünglich gefeiert, wenn die Zimmerleute den Dachstuhl aufgerichtet hatten, wird es heute unabhängig von der Dachform begangen, wenn der Rohbau steht. Es ist ein Fest während der Arbeitszeit auf der Baustelle zu Ehren der Handwerker und Bauleute. Bauherr und Bauunternehmer laden alle an Planung und Errichtung des Baus Beteiligten ein. Die Zeremonie beginnt, wenn unter Musik und dem Beifall aller langsam der Richtkranz aufsteigt. Es folgt von der Höhe des Hauses der Richtspruch eines Poliers oder eines Zimmermanns. In kräftig geschüttelten Reimen wird dem Bauherrn und Architekten gedankt und um Gottes Segen gebeten. Nach einem Trinkspruch wird das Glas zu Boden geschmettert. Splittert es, gibt es Beifall, bleibt es heil, Spott. In Ansprachen des Bauherrn wird den Handwerkern und Bauleuten gedankt und dem Bau ein unfallfreier Verlauf gewünscht. Dann folgt in den Räumen des Rohbaus auf hölzernen Bänken an langen Tischen mit kräftigen Speisen und Getränken der gemeinsame Richtschmaus.

Als traditionelles und volkstümliches Kulturgut ist das Richtfest in die Literatur eingegangen. Wer hat es schöner geschildert als Goethe 1809 in den *Wahlverwandtschaften*:

„Nach und nach stellten viele Gäste sich ein: denn man hatte die Einladungen weit umhergeschickt, und manche, die das Legen des Grundsteins versäumt hatten, wollten diese zweite Feierlichkeit, das Richtfest, um so weniger verfehlen. Vor Tafel erschienen die Zimmerleute mit Musik, ihren reichen Kranz tragend, der aus vielen übereinander schwankenden Laub- und Blumenreifen zusammengesetzt war. Sie sprachen ihren Gruß. Der Kranz war aufgesteckt und weit umher in der Gegend sichtbar. Bunt flatterten die Bänder und Tücher in der Luft, und eine kurze Rede verscholl zum größten Teil im Winde."

Oder Thomas Mann 1901 in den *Buddenbrooks*:

„Die Nachbarn, die Bürgersleute in den Giebelhäusern, lagen in den Fenstern, sahen den Arbeiten der Männer auf den Gerüsten zu, freuten sich, wie der Bau emporstieg,

Richtfest für das Bundesarbeitsministerium 2006, am Rednerpult Bundesarbeitsminister Franz Müntefering

und suchten den Zeitpunkt des Richtfestes zu bestimmen. Es kam heran und ward mit allen Umständlichkeiten begangen. Droben auf dem flachen Dache hielt ein alter Maurerpolier eine Rede, an deren Ende er eine Champagnerflasche über seine Schulter schleuderte, während zwischen den Fahnen die großmächtige Richtkrone aus Rosen, grünem Laub und bunten Blättern schwerfällig im Winde schwankte. Dann aber ward in einem nahen Wirtshause den sämtlichen Arbeitern an langen Tischen ein Festmahl mit Bier, belegtem Butterbrot und Zigarren gegeben, und mit seiner Gattin und seinem kleinen Sohne schritt Senator Buddenbrook in dem niedrigen Raume zwischen den Reihen der Tafelnden hindurch und nahm dankend die Hochrufe entgegen, die man ihm darbrachte."

Schlüsselübergabe

Ist das Haus fertig und die Baustelle geräumt, schließt eine letzte Zeremonie den Reigen der Baufeiern. Der Bauherr überreicht dem Hausherrn den symbolischen Schlüssel. Zuvor haben die künftigen Nutzer des Hauses und ihre Gäste mit Neugier, Staunen und Vorfreude das Bauwerk besichtigt. Noch den frischen Geruch von Baumaterial und Farbe atmend, zeigt es sich mit leeren Räumen ein letztes Mal als unverstelltes Raumkunstwerk. Mit Bewunderung oder Verwunderung wird die Kunst am Bau betrachtet, die eigene Schlussakzente gesetzt hat. In Reden wird der Architekt gefeiert und dem Hausherrn und „dem Haus und allen, die da gehen ein und aus" Glück und Segen gewünscht. Der Baulärm ist verstummt. Die Reden sind verklungen. Jetzt spricht das Haus für sich.

Schlüsselübergabe für das Auswärtige Amt an Außenminister Joschka Fischer

Kapitel 5

ASSOLUTO ODER RELATIVO NERO
Das Bundespräsidialamt

Bundespräsident Richard von Weizsäcker legte großen Wert darauf, dass das Staatsoberhaupt mit gutem Beispiel voranging und als Erster von Bonn in die neue alte Hauptstadt Berlin umzog. Für den Umzug aus der Bonner Villa Hammerschmidt in das bis dahin als zweiter Amtssitz dienende Schloss Bellevue musste für das Bundespräsidialamt, den Mitarbeiterstab des Bundespräsidenten, ein Neubau errichtet werden. Den Bauwettbewerb gewannen die jungen Architekten Martin Gruber und Helmut Kleine-Kraneburg aus Frankfurt am Main. Es war ihr allererster Bau. Und gleich für das Staatsoberhaupt!

Abschied vom Provisorium

Mit ihrem Erstlingswerk überraschten und provozierten die jungen Ungers-Schüler mit einer Architektur, die das „Ende des Glashauses" verkündete. „Gläserne Transparenz" war zur moralischen Norm der Staatsarchitektur der Bonner Republik geworden und wollte unbeschwert, mit Abstand zur steinernen Monumentalität jüngster Vergangenheit, Demokratie symbolisieren. Jetzt aber sollte ein steinerner schwarzer Monolith in der Geometrie eines monumentalen Ellipsoids zum ersten baulichen Symbol des wiedervereinigten Deutschlands und der Berliner Republik werden. Der eigenständige Solitär, dem hellen graziös-heiteren Flügelbau des spätbarocken Schlosses zur Seite gestellt, erinnert in seiner strengen Geometrie an klassizistische französische Revolutionsarchitektur oder an ein kleines Kolosseum. Doch wahrt das neue Amtsgebäude hinter hohen Bäumen des Tiergartens durchaus Respekt vor dem Schloss Bellevue, zeigt vornehme Zurückhaltung in Höhe und Maßstab, Farbe und Form. Im Äußeren verschlossen wie eine geheimnisvolle dunkle Muschel, öffnet sich der Bau im Innern strahlend weiß und hell leuchtend durch einfallendes Himmelslicht. In der Länge teilt ein Riegel die Mitte des Ovals mit großen Fenstern für die Sitzungsräume. Rund um das weite Foyer bieten umlaufende offene Galerien hinter einem Gitterwerk weißer Stützen Zugang zu 130 Büros mit Blick in das Grün des Tiergartens. Die Kunst Lothar Baumgartens verzaubert den hohen Raum durch Teilung des Bodens in magische Zahlenquadrate und die Galerien durch farbige Terrakotta-Tafeln. Das Preisgericht, das sich schwertat mit dem Architekturentwurf, wollte mehr Glas durch „größere Fenster". Es setzte dann doch ein mutiges Zeichen für einen modernen Bau in zeitlos klassischer Tradition – ein Symbol der Dauer und des Abschieds vom Provisorischen.

Schwarz oder Grün

Der Entwurf erregte die öffentliche Diskussion. Vorschläge, das Haus statt mit schwarzem Marmor mit Klinker oder

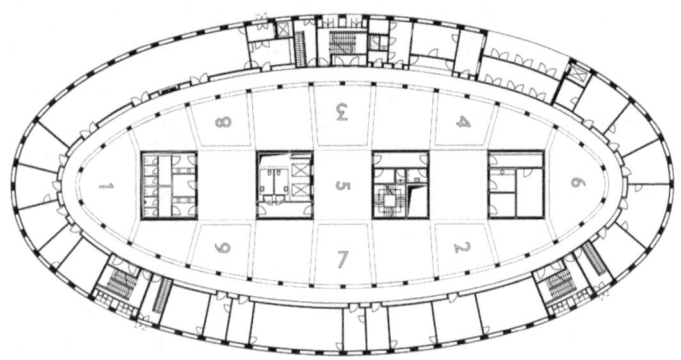

Bundespräsidialamt, Grundriss des Erdgeschosses

Bundespräsidialamt, Außenansicht

Putz zu verkleiden, stießen auf das strikte Nein der Architekten. Und schließlich kam es hinsichtlich der Farbe des Natursteins zu einer dramatischen Auseinandersetzung mit dem neuen Bundespräsidenten. Roman Herzog und seine das Baugeschehen begleitende Gattin Christiane störten sich am vorgesehenen polierten schwarzen Marmor der Fassade, dem „Assoluto Nero" der Architekten. Sie fanden das tiefdunkle Schwarz abweisend und einschüchternd. Der hohe Bauherr und die „Herzogin" wünschten sich einen freundlicheren graugrünen Granit.

„Nur für das Badezimmer", murmelten die Architekten. Der Konflikt eskalierte, als die durch die Ausschreibung eingegangenen Muster der Natursteinlieferanten einen Granit zeigten, dessen gewünschtes Graugrün unschön von roten Adern durchzogen war. Das war dann auch dem Präsidentenpaar zu bunt. Die Behauptung aber, der brasilianische Steinbruch könne den Granit nur noch in dieser roten Verfärbung liefern, stieß auf solchen Unglauben, dass aus München Prof. Otto Meitinger – Architekt und Denkmalpfleger des Schlosses Bellevue – als Moderator herbeigerufen werden musste. Vor einer Alternativlösung galt es jedoch dem Misstrauen zu begegnen und Vertrauen wiederzugewinnen. Am Rande eines öffentlichen Empfangs im Schloss gelang es mir, die Präsidentengattin anzusprechen. Als ich ihr hoch und heilig und „von Amts wegen" versicherte, dass es sich bei der bunten Färbung des Steins tatsächlich um eine geologische Veränderung im Steinbruch handele, lenkte Frau Herzog ein: „Also gut, Ihnen muss ich ja glauben." Auf der Suche nach einem Kompromiss stießen wir schließlich auf einen anthrazitfarbenen Stein aus Südafrika. Der gefiel gleichsam als „Relativo Nero" sowohl den Architekten als auch der hohen Bauherrschaft mit ihrer Vorliebe für Graugrün. Denn schließlich spiegelte sich zu ihrer Freude in der glatt und glänzend polierten Fassade das tiefe Grün des Tiergartens.

Kapitel 6

BÖSE BAUTEN
Das Erbe der NS-Zeit

Das einstige Reichsministerium für Volksaufklärung und Propaganda von Josef Goebbels zwischen Wilhelmstraße und Mauerstraße beherbergt heute das Bundesministerium für Arbeit und Sozialordnung. In der DDR diente es zeitweilig als Medienministerium. Der Bau aus den Jahren 1936–1940 mit seiner NS-typischen grauen, monumental-antikisierenden Muschelkalkfassade unter schwer lastendem Gesims steht unter Denkmalschutz. Der äußere Eindruck, er sei tatsächlich für ein „Tausendjähriges Reich" errichtet worden, erwies sich im Zuge der Baumaßnahmen als recht brüchig. Seit Kriegsbeginn war auch Bauschutt verarbeitet worden, was für böse Überraschungen und Nachforderungen des Generalunternehmers sorgte, die den Bau erheblich verzögerten und verteuerten. Goebbels selbst hatte es sich seinerzeit schön gemacht im benachbarten Prinz-Karl-Palais am vornehmen Wilhelmplatz mit Blick auf die Reichskanzlei. Wilhelmstraße und Wilhelmplatz waren bis 1945 ein Begriff wie Downing Street und Quai d'Orsay. Heute ist es ein Nachkriegs-Plattenbau-Quartier. Im Supermarkt an der Ecke Mohrenstraße kauft Angela Merkel gern ein. Gegenüber, Ecke Voßstraße, wo Albert Speers Neue Reichskanzlei stand, serviert Frau Mengling Tang Peking-Enten.

Historisch kontaminierte Gebäude

„Böse Bauten" hat das ZDF eine Dokumentationsreihe betitelt, die sich mit dem baulichen Erbe der NS-Zeit beschäftigt. Und in der Tat ist die Staatsarchitektur jener Zeit grau, steinern, kalt – gebaute Gewalt. Uns stellte sich die Frage des Umgangs mit solchen „historisch kontaminierten Bauten" schon bei der Auswahl des richtigen Architekten für den geplanten Umbau. In der Auswahlkommission für den Bau des Arbeits- und Sozialministeriums aus Vertretern des Berliner Senats, des Bundesbauministeriums und des BBR unter der Leitung eines unabhängigen Architekturprofessors kam es zur Kontroverse, als der Vertreter des Bauministeriums sich vehement für den Hausarchitekten eines Altbausanierers einsetzte. Er pochte auf dessen Wahl – wegen dessen besonderer Kompetenz als Sanierungstechniker eines Bauunternehmens. Als er überstimmt wurde, beschwerte er sich bei Bauminister Töpfer, der mich daraufhin anrief. Ich erläuterte ihm, dass wir Josef Paul Kleihues ausgewählt hatten wegen seiner anerkannten baukünstlerischen und baupraktischen Kompetenz, nicht zuletzt wegen seiner Verantwortung für die Internationale Bauausstellung IBA Berlin 1987, in der er durch die von ihm formulierte „kritische Rekonstruktion" einen anspruchsvollen praktischen und theoretischen Umgang mit historischer Architektur bewiesen hatte. Und ich betonte, dass es gerade bei diesem belasteten Bau besonderer, auch intellektueller Fähigkeiten bedurfte.

Bundesarbeitsministerium, Hof mit Buxbeeten – Landschaftsarchitekten Lützow 7 Wehberg-Müller

Verwandlung durch Kunst und Architektur

Arbeits- und Sozialminister Norbert Blüm war Berlin nicht geheuer. Er wäre gern im rheinischen Bonn geblieben und war nur äußerst widerwillig bereit, mit seinem Ministerium in Goebbels' Haus umzuziehen. Es bedurfte der nachdrücklichen Überzeugungskünste seines Freundes und Kollegen Klaus Töpfer. Blüm selbst erschien nie, um sich ein Bild zu machen. Selbst ein persönliches Schreiben des Architekten Josef Paul Kleihues, der ihn zu einer Besichtigung und einem Gespräch einlud, blieb unbeantwortet. Seine Nachfolger im Amt aber zeigten sich von dem umgestalteten Bau angetan und beeindruckt. Während das Äußere unverändert Zeugnis von seiner Herkunft ablegt, hat Kleihues dem Inneren eine neue Atmosphäre gegeben. Der frühere Personaleingang ist zur Wilhelmstraße hin mit seinen Arkaden zum Haupteingang geworden. Er führt in eine hohe, lichte Empfangshalle, die dem Bau mit ihrem gläsernen Giebeldach und dem blaugelben Schachbrett des französischen Künstlers Daniel Buren an der Stirnwand Offenheit und zeitgemäße Identität verleiht. Das düstere Treppenhaus wird durch leichte farbige Geländer und weißen Putz aufgehellt, die dunklen langen Korridore durch leuchtendblaue Teppichbahnen und Oberlichter in mit Kirschholz gefassten Türen. Es sind moderne, freundliche Büros entstanden, eine schöne Bibliothek, Konferenzräume und durch Kunst und Skulpturen verwandelte Flure und Treppenhäuser. In den großen Vorräumen der Treppenhäuser fallen die raumhohen Stiere von Felix Droese ins Auge, sechs mächtige Stiere als Wandbilder in wechselnden Farben und Techniken – Symbole der Arbeit. Der repräsentative Steinsaal, einst Ort täglicher Propagandakonferenzen, ist heute mit Leuchtdecke und farbigem Teppich ein freundlich großer Sitzungssaal. Die von zwei Steinpfeilern gerahmte Öffnung zum ehemaligen Prinz-Karl-Palais, durch die der Propagandaminister theatralisch den Steinsaal betrat, bespielt heute Peter Chevalier mit einem großen farbig-figurativen Wandgemälde.

Dem ersten in das Haus eingezogenen Minister missfiel der graue steinerne Hof. Walter Riester wünschte sich eine freundliche Begrünung als Pausenhof für seine Mitarbeiter. Das ließ sich nicht so leicht bewerkstelligen, da sich unter dem Hof denkmalgeschützt eine der ersten Berliner Tiefgaragen befindet. Den eiligst ausgelobten Wettbewerb

Bundesarbeitsministerium, Hof mit Blumenbeeten – Landschaftsarchitekten Lützow 7 Wehberg-Müller

gewannen die Berliner Landschaftsarchitekten Wehberg-Müller. Ihr Entwurf sah ein Schachbrett bunter Blumenbeete vor, im wechselnden Farbspiel der Jahreszeiten. Als ich mir ein Bild von der fertigen Neugestaltung machen wollte, schlug mir schon in der Halle Friedhofsgeruch entgegen. Aus Kostengründen und leichter Pflege wegen waren aus Blumenbeeten dauergrüne Buchsbeete geworden. Da das Ministerium zusätzlich Sitzgelegenheiten wünschte, waren am Kopf der etwa einen mal zwei Meter großen Hochbeete Steine gesetzt worden: grabgroße Beete und Natursteine am Kopfende – es bot sich das Bild eines Soldatenfriedhofs. Auch einzelne Felsenbirnen, die auf meine Bitte hin zur Auflockerung gepflanzt wurden, konnten das Bild nicht wirklich verändern. Sträubte sich das Geburtshaus des „totalen Krieges" gegen die Verschönerung?

Doch es gibt gute neue Nachricht. Nicht lange, da ließen Schädlinge den Buchs verdorren. Und es blüht jetzt doch ein Schachbrett bunter Beete. Bienenfreundlich, so wie es ein Erlass des Landwirtschaftsministeriums für alle Bundesbaugewächse vorschreibt.

Kapitel 7

GEHRY ODER CHIPPERFIELD?
Das Neue Museum

„Er soll ein guter Architekt sein, habe ich gehört", flüsterte mir Berlins Senatsbaudirektor zu, während wir im Dezember 1997 um die Entscheidung rangen, wer Architekt des Wiederaufbaus der Kriegsruine des Neuen Museums auf der Museumsinsel werden sollte. Gehry oder Chipperfield? Weder Hans Stimmann noch ich kannten damals David Chipperfield, der heute ein weltbekannter Architekt ist.

Erste Wettbewerbsrunde

Ein erster Wettbewerb zum Neuen Museum hatte bereits 1993 stattgefunden, dessen Aufgabenstellung indes über die Wiederherstellung der Museumsruine von Friedrich August Stüler hinausging und als städtebauliches Ensemble auch einen Erweiterungsbau am Kupfergraben umfasste. Ein zusammenhängender Museumskomplex sollte entstehen mit Kurzrundgang für Besuchergruppen und Individualrundgang, mit neuer Eingangssituation und Verbindungsbauten zu Altem Museum und Pergamonmuseum. Als Sieger ging Giorgio Grassi aus Mailand aus dem Wettbewerb hervor. Die Jury überzeugten seine klar definierten Ergänzungsbauten in farbigen Sichtziegeln, die in der tektonischen Haltung des „italienischen Rationalismus" gut zum preußischen Klassizismus der Museumsinsel passten. Weitere Preise gingen der Reihe nach an David Chipperfield, London, Francesco Venezia, Neapel, Frank O. Gehry, Santa Monica, und Axel Schultes, Berlin. Gehrys 4. Preis fiel aus dem Rahmen, auch aus dem orthogonalen Rahmen der Museumsinsel: Ein großer schwarzer Würfel drängte sich an Pergamonmuseum und Neues Museum, zwischen Neuem und Altem Museum tanzten als verbindende Glieder weiße amorphe Baukörper – wie hingewürfelt aus Riesenhand.

Die Staatlichen Museen äußerten zum Siegerentwurf erhebliche Bedenken und forderten Giorgio Grassi zur Überarbeitung auf. Ich erinnere mich noch gut an meinen ersten Arbeitsbesuch nach meinem Amtsantritt 1995 beim Präsidenten der Stiftung Preußischer Kulturbesitz. Für die Bundesbaudirektion, so hieß sie damals noch, „in Organleihe" Bauverwaltung auch der Stiftung Preußischer Kulturbesitz, war der Wiederaufbau des Neuen Museums das bedeutendste Projekt auf der Museumsinsel. Es war eine seltsam frostige Atmosphäre in der Villa Heydt. Giorgio Grassi stellte seinen zum zweiten Mal überarbeiteten Entwurf vor. Doch der Generaldirektor der Staatlichen Museen, der schon nach dem Wettbewerb auf der öffentlichen Pressekonferenz seine Vorliebe für Gehrys Entwurf bekundet hatte, gab dem Mailänder Architekten unverhohlen zu verstehen, dass sein Entwurf auch bei noch so vielen Überarbeitungen keine Gnade finden würde.

Als ich erfuhr, dass noch während der Verhandlungen mit Grassi schon mit Gehry in Kalifornien die Arbeit aufgenommen worden war, wusste ich, dass ich dem nicht einfach zusehen konnte. Doch sollte ich, gerade neu im Amt, gleich mit der größten Kulturinstitution der Republik Streit anfangen? Ich wandte mich an den Präsidenten der Stiftung und bat um ein persönliches Gespräch. Prof. Werner Knopp war es, der die in Ost und West geteilten Sammlungen der Museen mit ihren Wissenschaftlern zusammengeführt hatte und nun vor der Herausforderung der Erneuerung der Museumsinsel stand. Als ich meine Bedenken mitteilte und die Missachtung des nach den Regeln des Wettbewerbsrechts durchgeführten Auswahlverfahrens beanstandete, fand ich bei dem Juristen und preußischen Präsidenten offene Ohren. Als Ausweg aus der verfahrenen Situation empfahl ich eine Fortsetzung des Wettbewerbs als Gutachterverfahren mit allen fünf Preisträgern, einschließlich Grassis und Gehrys. Ich riet, auf Erweiterungsbauten ganz zu verzichten und die Aufgabe auf das Wesentliche zu konzentrieren – die denkmalgerechte Wiederherstellung der Kriegsruine. Das bot sich auch deshalb an, weil Grassis geschlossene Ziegelmauer am Kupfergraben in der Öffentlichkeit keine ungeteilte Zustimmung fand. Nach einigen Auseinandersetzungen fiel mit der Autorität des Stiftungspräsidenten die Entscheidung, alle fünf Preisträger mit einer entsprechenden Überarbeitung ihrer Entwürfe zu beauftragen.

Zweite Wettbewerbsrunde

Der Präsident der Stiftung, berichtet die für die Museumsinsel verantwortliche Referatsleiterin Barbara Große-Rhode, „berief ein Beratergremium, dem unter dem Vorsitz des Präsidenten des Bundesamtes für Bauwesen und Raumordnung, Florian Mausbach, gleichermaßen Vertreter der Museen als auch der Denkmalpflege sowie Architekten angehörten". Nach Präsentation aller Arbeiten in einer ersten Sitzung entschied das Gremium, nur „die Arbeiten von Gehry und Chipperfield weiterzuverfolgen". Mit museumstechnischen und denkmalpflegerischen Empfehlungen wurden beide Architekten in eine letzte entscheidende Runde geschickt. „Es waren nicht zuletzt die Vorschläge der verbliebenen Konkurrenten Frank Gehry und David Chipperfield für die zerstörte Halle", kommentierte Kaye Geipel in der *Bauwelt,* „anhand derer Ende 1997 der Wettbewerb um den Wiederaufbau des Neuen Museums entschieden wurde. Gehry wollte den Raum mit riesigen schraubenförmigen Treppen, die sich zu beiden Seiten der Halle über restaurierte Säulen erhoben hätten, in ein taumelndes neobarockes Ensemble transformieren, während Chipperfield sich eng an Stülers Kubatur anlehnte." Chipperfield nahm in der im Krieg ausgebrannten Treppenhalle, dem Herzstück des Hauses, die historische Anordnung der Treppenläufe in abstrakter Gestalt wieder auf und bildete auch im verlorenen Nordwest-Quadranten den Ägyptischen Hof in moderner Form nach. David Chipperfield, der seinen Entwurf mit dem Denkmalarchitekten Julian Harrap vorgestellt hatte, konnte überzeugend deutlich machen, dass es ihm um einen ergänzenden Wiederaufbau ging, um Respekt vor dem historisch revolutionären Bau Friedrich August Stülers. Frank Gehry

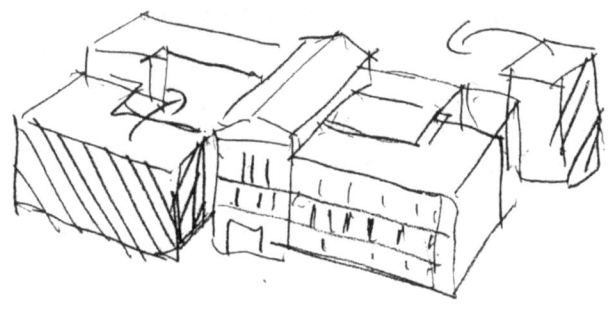

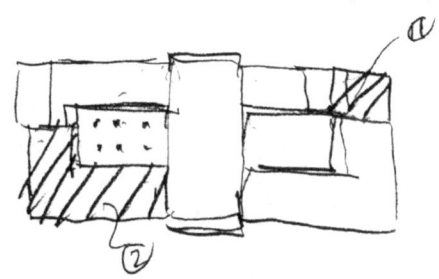

Zwei Skizzen von David Chipperfield zum Neuen Museum

indes galt die Ruine als Rohmaterial für eine eigene neue Architekturschöpfung.

Der Generaldirektor hatte am Vorabend der entscheidenden Sitzung die als Juroren benannten Museumsdirektoren und den Architekten des Bode-Museums Heinz Tesar in seine Wohnung eingeladen, wie der Wiener Architekt mir später anvertraute. Bei reichlich gutem Wein wurden sie vom Generaldirektor auf den kommenden Tag eingeschworen: „Morgen heißt es: Gehry wählen!" – „Ich habe", sagte Tesar schelmisch lachend, „für Chipperfield gestimmt."

Stülers revolutionäres Neues Museum

Die umkämpfte Entscheidung fiel knapp für David Chipperfield aus. Anfang 1998 wurde er vom Bundesamt für Bauwesen und Raumordnung mit dem Wiederaufbau des Neuen Museums beauftragt. Am 24. Juni 2003 begann der Wiederaufbau des Museums.

Worin aber bestand die besondere historische Bedeutung des Bauwerks von Friedrich August Stüler? Stand Schinkels Altes Museum noch ganz in der klassischen Tradition, war das Neue Museum modern und revolutionär. Es entstand in der Zeit, in der Berlin ins Industriezeitalter aufbrach und sich anschickte, Weltstadt zu werden. In dieser Zeit des Umbruchs und raschen Wandels erwies sich Stüler als Vorreiter preußischer Konstruktions- und Baukunst. Die Revolution begann auf der Baustelle. August Borsig, der mit seiner ersten Lokomotive gerade die englische Konkurrenz geschlagen hatte, lieferte eine mächtige Dampfmaschine für die erste Dampframme in Berlin, für die Wasserhaltung der Baugrube, die Mörtelmischmaschine und den Materialaufzug. Revolutionär aber waren vor allem die neuen Baukonstruktionen: freitragende eiserne Deckenkonstruktionen, zum Teil bereits vorgefertigt, Leichtziegel und Topfgewölbe, die bei dem schwierigen Baugrund die Baulasten verringern sollten. Neu aber war auch die gestalterische Inszenierung dieser neuzeitlichen Konstruktionen. Und auch die Museumsphilosophie. Diente das Alte Museum noch dem Kunstgenuss antiker Skulpturen, sollte das Neue Museum Bildung vermitteln und die Brücke schlagen zu universitärer Wissenschaft und Forschung. Gestalterischer, funktioneller und didaktischer Mittelpunkt des Hauses aber war das Treppenhaus, wo mit Wandbildern Kaulbachs im Geiste der Zeit die Höhepunkte menschlicher Kultur vorgeführt wurden. 100 Jahre später wurde das Haupttreppenhaus durch Brandbomben zerstört, in der Nacht vom 23. auf den 24. November 1943. Zwei Jahre später, am 3. Februar 1945, zerstörten Sprengbomben den Nordwestflügel und die Südkuppel – die Nationalsozialisten hatten die Museumsinsel zur Festung erklärt. Seitdem war das Neue Museum Ruine.

Harmonie der Gegensätze

Auch Chipperfield erwies sich als Neuerer. Im Umgang mit historischen Bauten neigen moderne Architekten wie auch Frank O. Gehry zum harten Kontrast zwischen Neu und Alt. David Chipperfields Wiederaufbau des Neuen Museums vermeidet ein schroffes Gegeneinander ebenso wie eine romantische Rekonstruktion. Er sichert die historische Bausubstanz der Ruine, konserviert, restauriert und repariert, und er rekonstruiert auch – ein Graus für dogmatische Denkmalpfleger –, wo dies als Ergänzung sinnvoll ist. Selbstbewusst vervollständigt er die Ruine durch seine eigene, heutige Architektur. Auch wenn die Spuren der Zeit und der Zerstörung sichtbar bleiben, soll das Haus, so Chipperfield, wenn man die Augen etwas schließt, wie ein harmonisches Ganzes wirken.

Frank Gehry hatte später Gelegenheit, sein schöpferisches Talent an prominentem Ort auch in Berlin zu beweisen, mit einem großartigen Bankgebäude am Pariser Platz, im Atrium eine unglaubliche Überraschung: der Konferenzsaal eine phantastische Großskulptur.

Kapitel 8

TEURES JUWEL: DIE VILLA VIGONI

„Der Bundeskanzler hat angerufen", meldet sich frühmorgens Bauminister Klaus Töpfer. „Er will wissen, was mit der Villa Vigoni los ist." Anlass ist der im Juni 1996 erschienene Artikel des Italien-Korrespondenten Dietmar Polaczek in der *Franfurter Allgemeinen Zeitung:* „Deutsche Badezimmer – Teuer und besserwisserisch: Die Restaurierung der Villa Vigoni." Das klingt nicht gut, so als wären deutsche Barbaren über die Alpen gezogen, um italienische Kulturgüter zu zerstören. Dem Minister verspreche ich einen baldigen Bericht. Ich habe ohnehin vor, mir am nächsten Tag ein Bild an Ort und Stelle zu machen und mit den Verantwortlichen Gespräche zu führen, die sich dort zur dreijährig stattfindenen Mitgliederversammlung des Vereins Villa Vigoni treffen wollen. Es wird auch eine Delegation aus Haushalts- und Kulturpolitikern des Deutschen Bundestages erwartet.

Don Ignazios Stiftung

Die Villa Vigoni liegt oberhalb der kleinen Ortschaft Loveno di Menaggio an der Westseite des Comer Sees. Der landschaftlich schöne, weitläufige Landsitz mit Panoramablick über den See wurde mit mehreren Gebäuden und ländlichen Rustici 1829 von dem aus Frankfurt am Main stammenden Heinrich Mylius erworben, einem in Mailand tätigen erfolgreichen Geschäftsmann und Bankier. Don Ignazio Vigoni, letzter Erbe der deutsch-italienischen Familie Mylius-Vigoni, vermachte mit seinem Tod 1983 die gesamte Liegenschaft testamentarisch der Bundesrepublik Deutschland. Don Ignazio, der gelegentlich auch den Feriengast Konrad Adenauer in der Villa La Collina im benachbarten Cadenabbia besuchte, bestimmte die Villa Vigoni „für den Aufenthalt von politischen Persönlichkeiten, Wissenschaftlern, Schriftstellern, Künstlern, also zum Sitz eines Zentrums für hohe deutsch-italienische Kultur". So sollte die Familientradition kultureller Begegnung in der Villa fortgesetzt und die Erinnerung an die Freundschaft seines Urgroßvaters Heinrich Mylius mit Johann Wolfgang Goethe gewahrt werden.

Ein Gesamtkunstwerk

Die Villa Vigoni ist ein Gesamtkunstwerk aus gestalteter Natur, Architektur und Kunst. Das Herrenhaus, eine großbürgerliche Villa im Stil des lombardischen Neoklassizismus aus der ersten Hälfte des 19. Jahrhunderts, liegt inmitten eines von lebensgroßen Marmorskulpturen und einem Tempietto geschmückten Parks. Es ist umgeben von einer romantischen Landschaft aus Wald, Weiden, Äckern und Weinbergen mit Rustici aus unbehauenen Steinen wie Ställe und Heuschober, Kleinbauten für die Käseherstellung, für Seidenraupen und Bienen und ein an Papageno erinnerndes Roccolo, ein Vogelfängerhaus. Das Haupthaus mit seinem Natursteinsockel, seinen raumhohen, von dunkelgrünen Läden gerahmten regelmäßigen Fensterreihen ist von heiterer italienischer Grandezza. Hinter seiner eher einfachen Fassade verbergen sich in kostbar möblierten historischen Räumen wie dem Großen Speise- und Statuensaal, dem Musiksaal, der kleinen und großen Bibliothek, dem Kaminzimmer und dem kleinen Salon wertvolle Fresken, Skulpturen, Gemälde, Porträts, Bronzen und Keramiken. Auch kostbare Bücher wie die Sammlung deutscher und italienischer Klassiker, darunter das signierte Gesamtwerk Goethes.

Villa Vigoni am Comer See, Gartenfassade

Dieses historische Denkmal der Zeit-, Kultur- und Familiengeschichte als Ensemble mit der benachbarten Villa Garovaglio zu erhalten, zu restaurieren und zu einer modernen Begegnungs- und Tagungsstätte mit hotelartigem Betrieb auszubauen, lautet der Auftrag an die Bundesbaudirektion, seinerzeit noch formuliert vom ersten Generalsekretär der Stiftung, Piazolo.

Restaurierung und Umbau der Villa Garovaglio, eine durch eine repräsentative Fassade eingefasste Ansammlung ländlicher Häuser am Hang unterhalb der Villa Vigoni, sind bei meinem Besuch fast abgeschlossen. Es sind Räume für die Verwaltung und 14 Gästezimmer entstanden, restauriert im Stil des Hauses. Ein „Ägyptisches Zimmer" mit weitem Blick ins Tal dient zu Besprechungen. Aus einem Stall ist nach dem Entwurf von Barbara Jakubeit, meiner Vorgängerin im Amt, ein moderner Konferenzraum mit Dolmetscherkabinen geworden, der mit seiner sichtbaren Stahlkonstruktion und dem offenen Glasdach einen zeitgenössischen Akzent setzt. Während die Gestaltung der Villa Garovaglio Zustimmung findet, entzündet sich um die noch ausstehende Sanierung und Umnutzung der Villa Vigoni ein heftiger Streit, angefacht auch durch den Artikel in der *FAZ* „Ein Kulturkampf um ‚deutsche Badezimmer'"?

Ein Kulturkampf

Es ist der amtierende Generalsekretär der Stiftung Rudolf Lill, der sich vehement gegen die Grundsanierung wendet. Er ist es auch, der Presse und Denkmalpfleger mobilisiert hat, um die Villa vor jeglicher baulichen Veränderung zu bewahren. Lill arbeitet seit fünf Jahren in der Villa und hat in dem beschränkten Rahmen, den das Haus in seinem Zustand bietet, Seminare, Begegnungen und Freundestreffen veranstaltet. Er wohnt in der romantischen Villa, deren vergänglichen Charme er liebt. Seine Frau hat einen kleinen Gemüsegarten angelegt. Jetzt fürchten sie die Vertreibung aus dem Paradies.

Die jedoch ist unausweichlich. Sanierung und Umbau sind allein für den baulichen Erhalt dringend notwendig, aber auch für den Komfort und die Sicherheit der künftigen Mitarbeiter, Bewohner und Gäste. So ist die Küche zweifellos von musealem Reiz, entspricht aber nicht heutigen Anforderungen und Vorschriften der Hygiene und Sicherheit einer Tagungsstätte. In den Keller dringt vom Hang aus Wasser ein. Die gesamte Haustechnik muss unter Putz erneuert werden, Stromleitungen, Versorgungskabel, Lüftungsschächte, Wasserleitungen. Die Heizungsrohre und Heizkörper müssen ausgetauscht werden, der Brandschutz gewährleistet sein. Dies alles soll geschehen unter Erhalt des historischen Ambientes. Keine leichte, aber wie das später allseits gelobte Ergebnis zeigen wird, eine lösbare Aufgabe für die Architekten, Ingenieure und Bauleute, die sich der Herausforderung mit Liebe und Begeisterung widmen. Ich erinnere mich an unsere Innenarchitektin Ursula Steinberger-Fürste, wie sie mir stolz die Einrichtung der Gästezimmer in der Villa Garovaglio zeigt, die sie aus noch vorhandenen, neuen und auf Antikmärkten gefundenen Möbeln liebevoll zusammenstellt. Unvergessen auch unser Bauleiter Joachim Luge, der selbst schwungvoll die Kelle in die Hand nimmt, um den Maurern zu zeigen, wie ein historischer Putz angebracht wird.

Badezimmer oder Bademantel

Was aber hat es mit den „deutschen Badezimmern" auf sich? Für die Schaffung zeitgemäßer Gästezimmer waren ausdrücklich Nasszellen mit Dusche und WC gefordert, wie es in jedem einfachen Hotel auf der Welt Standard ist. Dies ist kein räumliches Problem angesichts der Vielzahl von Zimmern in den Anbauten und Nebenhäusern oder bei der Umwandlung von Nutz- und Arbeitsräumen in neue Gästezimmer. Einen ernsthaften Konflikt gibt es in

Villa Vigoni am Comer See – herrschaftliches Schafzimmer

der Tat bei den großen und vornehm ausgestatteten Schlafgemächern der Familie Mylius-Vigoni im Haupthaus. Auch sie sollen als Gästezimmer genutzt werden. Doch sollen auch sie, die den Charakter des herrschaftlichen Hauses prägen, verändert und mit eigenen Badezimmern ausgestattet werden?

Bei einer gemeinsamen Führung durch das Haus sind sich alle rasch einig: Die historischen Schlafräume der Familie sollen als Zeugnisse vergangener Wohnkultur in Gänze erhalten bleiben. Gäste, die die Ehre hätten, in diesen Räumen zu nächtigen, sollen wie die einstigen Bewohner das ursprüngliche Badezimmer nutzen, selbstverständlich technisch erneuert. So können sich die Gäste, erläutere ich, wie auf Privatbesuch bei der Familie Mylius-Vigoni zurückversetzt fühlen in eine andere Zeit. Ein Gang über den Flur in einem weißen Bademantel, bestickt mit dem Logo der Villa Vigoni, der Göttin der Morgenröte Aurora, sei zumutbar.

Für beide Präsidenten, den deutschen Journalisten Erich B. Kusch und den italienischen Botschafter Luigi Vittorio Ferrari, ist die „Badezimmer-Affäre" damit beendet. Dem folgt auch die Mehrheit der Mitgliederversammlung und gibt den Weg frei für die Grundsanierung und den Umbau des Gebäudeensembles zur Tagungsstätte. Auch die Bundestagsdelegation zeigt sich zufrieden. Am nächsten Tag wird Prof. Dr. Bernd Roeck zum neuen Generalsekretär gewählt.

Bundeskanzler Helmut Kohl kann am 3. Juli 1996 bei seiner Morgenlektüre in der *FAZ* einen versöhnlichen Artikel von Dietmar Polaczek aus Rom lesen: „Zerschlagenes und gekittetes Porzellan. In der Villa Vigoni: Keine deutschen Badezimmer, aber der Historiker Bernd Roeck als Generalsekretär."

Kapitel 9

NOCH 'N GEDICHT!
IM ZEUGHAUS RIGA

„As the wine sank in the bottle, patriotism rose in the three men."

John Steinbeck, Tortilla Flat

Wir wohnen im Hotel Roma in der Altstadt von Riga. Heinz Ehrhardt, der aus der lettischen Hauptstadt stammte, begann dort in den 1930er Jahren seine Karriere mit ersten Auftritten. Am Abend des 16. November 1996 sind wir zu Gast im historischen Zeughaus. Dort hat das Goethe-Institut zur Eröffnung einer Heinz-Ehrhardt-Festwoche eingeladen.

Anlass der Reise ist das Richtfest der deutschen Botschaft. Das gegenüber der Altstadt an Park und Wassergraben gelegene, mit Türmen und Zinnen an eine mittelalterliche Burg erinnernde neugotische Gebäude, wird saniert und erneuert. Das Haus war in ramponiertem Zustand. Die sowjetische Armee hatte es seit dem Zweiten Weltkrieg genutzt und dann verlassen, als die Sowjetunion die Unabhängigkeit der baltischen Staaten im September 1991 anerkannte. Vorausgegangen war die „Singende Revolution" der Letten, Esten und Litauer, die in Demonstrationen für die langersehnte Unabhängigkeit ihrer Staaten verbotene alte Volkslieder sangen. Das repräsentative Gebäude in Riga, ursprünglich Haus eines reichen Kaufmanns, war in den 1920er Jahren bereits Gesandtschaft des Deutschen

Reiches und 1992 an den Alteigentümer zurückgegangen. Deutschland ist nach der Aufnahme diplomatischer Beziehungen 1991 einer der ersten Staaten, die in Riga eine Botschaft eröffnen.

Deutsche Botschaft Riga

Goethe im Zeughaus von Riga

Im historischen Zeughaus zeigt uns der Leiter des Goethe-Instituts Friedrich Winterscheidt die Heinz-Ehrhardt-Ausstellung. Bei einem Glas Wein berichtet er uns von dem unerwartet großen Zuspruch, den das Goethe-Institut erfährt, zugleich aber von seinen Nöten. Das Interesse an Deutschland und seiner Kultur ist groß. Die schrecklichen Erinnerungen an Kriegsverbrechen, Judenverfolgung und Besatzung lassen jetzt, nach friedlicher Revolution und Fall des Eisernen Vorhangs, Raum auch für den Rückblick auf die lange gemeinsame deutsch-lettische Geschichte, die überall in der hanseatischen Altstadt noch sichtbar ist, und für den Ausblick auf ein gemeinsames Europa. Der Wunsch, Deutsch zu lernen, und der Andrang zum Sprachunterricht sind groß, aber die Räumlichkeiten des Instituts völlig unzureichend, so dass viele Bewerber abgewiesen werden müssen. Die Anmietung neuer Räume in der Altstadt stößt auf Grenzen angesichts explodierender Mieten. Und das alte Zeughaus als Kulturort aufgeben kommt nicht infrage. Friedrich Winterscheidt weist auf den großen ungenutzten Dachboden hin, der ausreichend Raum bietet, aber erst ausgebaut und eingerichtet werden müsste. Doch das Haus ist nur gemietet. Und eine Bauinvestition in einem fremden Haus?

Geht nicht, gibt's nicht!

Wir sind in Feierlaune und patriotischer Stimmung. „Geht nicht, gibt's nicht!" heißt ein alter Spruch der Bauleute. Und so entsteht ein ungewöhnliches Projekt. Der Bauunternehmer für die deutsche Botschaft, Ulrich Hagemann von der MBN Bau AG, erklärt sich bereit, den Ausbau des Zeughaus-Dachgeschosses vorzufinanzieren, das Bundesamt für Bauwesen und Raumordnung übernimmt die Planung mit dem in Riga aufgewachsenen Architekten Erich Martinoff. Mit dem lettischen Kulturministerium,

Eigentümer des Zeughauses, wird ein Investitionsvertrag geschlossen, nur gültig in Verbindung mit dem Mietvertrag für die neuen Räume zwischen Goethe-Institut und Kulturministerium. Die rund eine Million DM Baukosten werden in zwölf Jahren durch monatliche Mietzahlungen an das Bauunternehmen getilgt. Erst danach geht Miete für das ausgebaute Dachgeschoss an das lettische Kulturministerium.

Das ist das Rezept, das jetzt zum Gelingen den guten Willen vieler Köche benötigt. Als Erster aber hebt der Abteilungsleiter im Bauministerium seinen Löffel: kein Bau in fremdem Eigentum! Ich werde zum Rapport nach Bonn bestellt. Staatssekretärin Christa Thoben, wie immer an Ergebnissen interessiert, stimmt schließlich zu. Dann gibt es, berichtet unsere unermüdliche Projektleiterin Astrid Marlow aus Riga, zögerliche und widersprüchliche Entscheidungen der lettischen Behörden und „unangemessene Forderungen wie die nach der Restaurierung des gesamten historischen Zeughausdaches". Die Leitung des Goethe-Instituts wechselt, doch der neue Institutsleiter Ronald Ruprecht setzt die Sache mit gleichem Eifer fort. Als das Projekt doch noch zu scheitern droht, lädt der deutsche Botschafter Ernst Weisel alle Beteiligten zum runden Tisch in die deutsche Botschaft. Ein zweiter runder Tisch im Kulturministerium bringt den Durchbruch und endlich die Baugenehmigung.

Dann geht es schnell. Nicht zuletzt auch dank tüchtiger Mitarbeiter wie Astrid Marlow als Oberherrin der Baustelle. Dort wird Russisch gesprochen, was sie versteht, aber nicht verrät, wie sie mir verschmitzt erzählt. Sie hat Russisch in der DDR gelernt. So weiß sie von Bauproblemen, die sich anbahnen, schon bevor sie entstehen. Ab Frühjahr 1998 werden in nur zwölf Monaten die neuen Räume unter dem Dach fertiggestellt sowie ein neuer Hauptzugang im „Jungfernturm", dem Turm der mittel-

Goethe-Institut Im Zeughaus Riga, Dachausbau

alterlichen Stadtbefestigung, der als Treppenhaus mit Fahrstuhl bis zu seiner historischen Höhe aufgemauert wird. Im neuen Dachgeschoss finden die mit moderner Technik ausgestatteten Sprachabteilungen jetzt ausreichend Platz.

Am 21. Mai 1999 wird das erweiterte Goethe-Institut in Riga von Bundespräsident Roman Herzog und Staatspräsident Guntis Ulmanis sowie dem Präsidenten des Goethe-Instituts Hilmar Hoffmann eingeweiht.

Kapitel 10

EINE WETTE FÜR PEI
Erweiterungsbau des Deutschen Historischen Museums

Eines Tages erhielt ich einen befremdlichen Anruf aus dem Bundesbauministerium. Für den Erweiterungsbau des Deutschen Historischen Museums sei dringend ein Architekturwettbewerb vorzubereiten. Dazu sei Ieoh Ming Pei, der berühmte chinesisch-amerikanische Architekt, einzuladen. Es sei der politische Wille, dass der Architekt der Louvre-Pyramide auch die Zeughaus-Erweiterung planen solle. Deshalb müsse I. M. Pei unbedingt diesen Wettbewerb gewinnen.

Bundesbauminister Klaus Töpfer, den ich darob anrief, schüttelte hörbar den Kopf über das seltsame Ansinnen eines Scheinwettbewerbs. Es war aber in der Tat so, dass I. M. Pei für die besondere Bauaufgabe der Erweiterung des barocken Zeughauses Unter den Linden gewonnen werden sollte. Abgesehen davon, dass Pei in seinem hohen Alter – 1996 war er 79 Jahre alt – an keinem Wettbewerb mehr teilnahm, konnte dies nur durch einen Direktauftrag geschehen. Klaus Töpfer nahm sich der Sache selbst an und konnte mögliche Kritiker wie die Architektenkammern vom Verzicht auf einen Wettbewerb überzeugen, angesichts der Chance, diesen Architekten von Weltrang für einen Museumsneubau in der Hauptstadt zu gewinnen.

Wetten, dass

Angefangen hatte es mit einer Wette. Wolf Jobst Siedler, der architekturbegeisterte Berliner Verleger, hatte in weinseliger Runde gegenüber Christoph Stölzl, dem Direktor des Deutschen Historischen Museums, von den Bauten I. M. Peis geschwärmt, der National Gallery in Washington und natürlich der Pyramide des Pariser Louvre. Er vermisse ein solches Niveau der Architektur in der deutschen Hauptstadt. Aber wer wäre bereit und in der Lage, jemanden wie I. M. Pei nach Berlin zu holen? Darauf Stölzl: Wetten, dass ich Pei nach Berlin hole? Als Architekten der Zeughaus-Erweiterung! Siedler schlug ein. Die Wette galt.

Der Autor mit I. M. Pei und Christoph Stölzl im Schlüterhof des Zeughauses

Christoph Stölzl hatte als Gründungsdirektor des Deutschen Historischen Museums ein persönliches Verhältnis zu Helmut Kohl. Er gewann den Bundeskanzler für die Idee, den Architekten, der für Jacqueline Kennedy die John-F.-Kennedy-Bibliothek in Boston errichtet und für François Mitterand den Pariser Louvre spektakulär erneuert hatte, in die deutsche Hauptstadt zu holen. Ieoh Ming Pei pflegte vor der Annahme von Aufträgen seinen Bauherrn persönlich kennenlernen zu wollen. So wurde ein Treffen Kohls mit Pei im Bonner Kanzleramt arrangiert. „Es war erst schwierig, ins Gespräch zu kommen", schilderte Pei später die Begegnung, „bis Kohl aufstand und eine Mozart-Platte auflegte. Da löste sich die Stimmung."

Ein Weltbürger

Für uns, die als Bauverantwortliche für die heute nur noch „Pei-Bau" genannte Zeughaus-Erweiterung mit dem einzigartigen Architekten zusammenarbeiten durften, begann eine aufregende Zeit. Pei wollte, bevor es zu Vertragsverhandlungen kam, erst jeden persönlich kennenlernen, mit dem er künftig zu tun haben sollte. Wir hatten die Probe wohl bestanden.

Uns beeindruckte an Pei nicht nur sein Wissen und Können, sondern mehr noch seine Persönlichkeit. Es war seine chinesisch und amerikanisch geprägte Art und kulturelle Weltläufigkeit, gepaart mit großer Einfühlung in andere Kulturen. Und sein liebenswerter Charme, der jeden bezauberte.

Pei war, 1917 in Kanton geboren, noch im alten China aufgewachsen, in Suzhou, der 2500 Jahre alten Stadt der Künste, Handwerke und Gelehrsamkeit, in der seine Familie seit 600 Jahren lebte. Vor den Kämpfen örtlicher Kriegsherren floh die Familie – sein Vater war Bankdirektor in Kanton – nach Hongkong, später nach Schanghai, eine Stadt des Aufbruchs in die Moderne. Nach Besuch einer Missionsschule ging er 1934, erst 17 Jahre alt, zum Studium in die USA, zuerst ans Massachusetts Institute of Technology, das MIT in Chicago, an dem Mies van der Rohe lehrte. Im Zweiten Weltkrieg arbeitete Pei für die amerikanische Armee. Er wurde amerikanischer Staatsbürger. 1942 heiratete er die Landschaftsarchitektin Eileen Loo. Nach dem Krieg wurde er in Harvard an der Design-Hochschule Assistenzprofessor bei den Bauhaus-Emigranten Walter Gropius und Marcel Breuer. Der rigide Funktionalismus aber war seine Sache nicht. Peis Modernismus inszeniert den besonderen Ort in gebauten Skulpturen von poetischer Phantasie und scheut auch, wie das Museum für Chinesische Kunst in Suzhou oder das Museum für Islamische Kunst in Doha zeigen, nicht das Aufgreifen und Aneignen regionaler historischer Architekturtraditionen.

Pei und Foster

In den Honorarverhandlungen, die Pei nicht selbst führte, sehr wohl aber im Hintergrund verfolgte, wurde als Orientierung diskret nach Fosters Honorar für den Reichstagsbau gefragt. In Hongkong hatte I. M Pei beim Bau der Bank of China mit Norman Fosters Hongkong Schanghai Bank im Höhenwettlauf konkurriert, den Pei gegen die einstige Kolonialbank trotz geringerer Mittel durch eine genial sparsame Stahlkonstruktion gewann. Wie er den Auftrag für das Hochhaus der Bank of China erhielt? Nicht er, erzählte Pei, sondern sein in New York lebender Vater wurde um den Auftrag gebeten. Peis Vater war in den 1930er Jahren Direktor der Bank of China gewesen, seine Unterschrift zierte chinesische Banknoten. Er wurde von der Pekinger Führung gefragt, ob er ihnen verzeihen könne, dass er als Bankier einst China verlassen musste und ob sein Sohn in Hongkong die Bank of China bauen dürfe. Peis Vater antwortete: Erstens Nein, zweitens Ja.

Der Pei-Bau

Nach dem Planungsbeginn 1996 wurde mit dem Bau Ende 1998 begonnen. Es war eine wunderbare, aber auch ungewöhnlich schwierige Aufgabe, nicht nur durch die hohen ästhetischen Ansprüche, sondern auch die außerordentlichen technischen Anforderungen. Um den bekannt schwierigen Baugrund in Berlins Mitte durch eine weiße Wanne zu sichern, musste zunächst Braunkohle zu Tage gefördert werden. Für die Verbindung zum Zeughaus musste die Straße Hinter dem Zeughaus unterfahren werden. Dafür wurde das denkmalgeschützte Barockgebäude an dieser Stelle an einer Stahlkonstruktion aufgehängt. Für die Großskulptur des Pei-Baus wurde ein Architekturbeton entwickelt, mit eigener Rezeptur unter Beimischung gelber Sande. Die Schalung aus Oregon-Pinie wurde wie ein Schiffsboden verlegt, durch Zimmerleute aus Irland. Der Naturstein – für die Wände Kalkstein aus Burgund, für die Böden Granit aus New Hampshire – durfte nicht geklebt, sondern musste in komplizierten Geometrien massiv verarbeitet werden. Einzelteile der Wendeltreppe wurden in einer holländischen Werft zurechtgebogen. Nur in einer Firma in Finnland konnten die großen Gläser der Wendeltreppe gebogen werden. Im unscheinbaren Glas verbirgt sich neueste Technologie: Sonnenschutz, Wärmeschutz, Transparenz, Farbechtheit und auf den Dächern Begehbarkeit.

Am 28. Februar 2003 war Schlüsselübergabe. Um dieses außergewöhnliche Bauwerk zu bewältigen, waren alle Mitwirkenden – Bauherr, Architekten, Ingenieure, Bauunternehmer und Handwerker – an ihre Grenzen gegangen.

Laudatio auf der Bastei

2005 erhielt ich einen Anruf von Erwin Wickert, der mich aus meiner Zeit als Lektor im Pekinger Fremdsprachen-Verlag 1976/77 kannte. Wickert war 1976–1980 deutscher Botschafter in Peking und hatte sich Zeit seines Lebens als Diplomat und Literat in Romanen und Sachbüchern mit Ostasien befasst. Nun hatte er im Alter einen Orient-Okzident-Preis gestiftet. Erster Preisträger sollte Ieoh Ming Pei sein. Mich bat er, die Laudatio zu halten. Die Preisverleihung fand am 3. Juli 2006 in Luxemburg statt im Rahmen der feierlichen Einweihung des von I. M. Pei auf der Bastei gestalteten Museums Moderner Kunst. Dort hatte sich nicht nur europäische Prominenz, sondern auch die Mitwirkenden des Berliner Pei-Baus zu einem glücklichen Wiedersehen versammelt. In der Laudatio auf das Lebenswerk des Architekten würdigte ich auch das neue Ausstellungshaus des Deutschen Historischen Museums:

„Zu Pfingsten dieses Jahres wurde in Berlin in Anwesenheit von Bundeskanzlerin Angela Merkel und Altbundeskanzler Helmut Kohl das Deutsche Historische Museum im Zeughaus Unter den Linden feierlich eröffnet. Die Eröffnungsfeier fand im Schlüterhof statt unter einem Glasdach von I. M. Pei. Das im Krieg zerstörte und wieder aufgebaute Zeughaus des Barockbaumeisters

ORIENT- UND OKZIDENT-PREIS

Florian Mausbach
Präsident des Bundesamtes für Bauwesen und Raumordnung

LAUDATIO

Zur Preisverleihung
der Erwin-Wickert-Stiftung
an den Architekten

IEOH MING PEI

am 3. Juli 2006
im Musée d'Art Moderne Grand Duc Jean
Luxemburg

Wie kommt es, dass ein Baumeister, aus dem Reich der Mitte stammend, aus der Neuen Welt Amerikas kommend, in der Alten Welt Europas Museen baut? Wie kommt es, dass europäische Staatsmänner diesen Mann aus der Fremde in ihre Hauptstädte bitten, um an nationalen historischen Kulturstätten neue architektonische Zeichen zu setzen? In Paris, in Berlin und hier in Luxemburg.

Ieoh Ming Pei, geboren am 26. April 1917 in Suzhou westlich von Schanghai, ist noch im alten China aufgewachsen. Es war ein China, in dem örtliche Kriegsherren das Land mit ihren Kämpfen verwüsteten und Peis Vater, damals Bankdirektor in Kanton, mitsamt Familie zur Flucht nach Hongkong zwangen. Zehn Jahre später ging es nach Schanghai. Peis Vater war Direktor des Hauptsitzes der Bank of China geworden, seine Unterschrift zierte chinesische Banknoten.

Ein engeres Verhältnis als zur Respektsperson seines Vaters hatte Pei zu seiner Mutter, die ihn mit der buddhistischen Religion vertraut machte. An Wochenenden und in Ferien zog sich die Familie auf ihren Sitz in Suzhou zurück. In dieser schon von Marco Polo bewunderten 2500 Jahre alten chinesischen Stadt der Künste, des Handwerks und der Gelehrsamkeit, am Großen Kanal von Hangzhou nach Peking gelegen, lebte die Familie seit über 600 Jahren. „Im Himmel das Paradies, auf Erden Suzhou und Hangzhou", heißt es. Pei – wir müssen uns ihn in einem langen Seidengewand vorstellen – erlebte hier im traditionellen chinesischen Hofhaus mit seinem pittoresken Felsengarten das kunstvoll gestaltete Zusammenspiel von Architektur und Natur, von Licht und Schatten, von Durchblicken und Durchgängen.

I.M. Pei vor der Treppenspindel, Auszug aus der Laudatio

Andreas Schlüter, das jetzt die große nationale Dauerausstellung zur deutschen Geschichte präsentiert, wurde von I. M. Pei um ein Haus für Wechselausstellungen erweitert. Dafür wurde ein hinter dem Haus liegendes kleines Grundstück von Pei geschickt zum Leben erweckt. Wie bei dem großen Vorbild, der Washingtoner Nationalgalerie, folgt aus der Form des Grundstücks das Wechselspiel zweier Dreieckskörper: einer großen gläsernen öffentlichen Halle sowie eines zweiten Baus in Naturstein und Edelbeton mit intimen Ausstellungsräumen und Kabinetten. Auch hier trennt eine Straße den Erweiterungsbau vom Altbau. Eine großzügige unterirdische Passage führt die Besucher, vom glasüberdachten ‚Schlüterhof' des Zeughauses kommend, hinüber zum Pei-Bau in ein geräumiges, von oben hell erleuchtetes Untergeschoss und von hier aus weiter über Treppen, Rolltreppen und Brücken in die Ebenen der Ausstellungen. Eine große gläserne Treppenspindel leuchtet nachts hell hinüber zur Straße Unter den Linden und zeigt die Bewegung der Besucher im Innern. ‚Urban Theater' hat Pei das genannt. So ist in der Nachbarschaft des Schlossplatzes, des Forum Fridericianum und der Berliner Museumsinsel, von Karl Friedrich Schinkels Altem Museum und Neuer Wache, durch Wiederaufbau und Erneuerung des kriegszerstörten Zeughauses von Andreas Schlüter und den Neubau I. M. Peis eine weiterer großer Schritt getan zur Wiedergewinnung der historischen Mitte Berlins."

Die Queen im Schlüterhof

Der Zeughaushof mit den berühmten unversehrten Masken sterbender Giganten von Andreas Schlüter ist durch Peis filigrane, flach gewölbte Glaskuppel zum schönsten und vornehmsten Hinterhof Berlins geworden. Dies, obwohl das Finanzministerium der Überdachung nur widerwillig zugestimmt und Kosten nur für eine reine Verkehrsfläche genehmigt hatte. Die Akustik war entsprechend. Rief man in der Mitte des Hofes mit lauter Stimme „Schlüter!", erschallte ein zehnfaches Echo. Der Wunsch zur Nutzung des schönen Hofes für Veranstaltungen ließ uns nach technischen Lösungen suchen, die allerdings aufwendig und unschön erschienen. Doch ein kleines Wunder geschah. Eine Firma hatte für ein Jubiläum den Zeughaushof gemietet und als akustisches Provisorium ein weißes durchscheinendes Segel unter das Glasdach gehängt. Dort hängt es bis heute und hat die Akustik so wundersam verändert, dass selbst die Queen im Schlüterhof mit musikalischer Begleitung empfangen werden konnte.

Kapitel 11

„DIE STUNDE DER KOMÖDIANTEN"
Botschaftsbau in Haiti

„Was lesen Sie denn da?", fragte mich Fritjof von Nordenskjöld vom Auswärtigen Amt. Wir waren auf dem Flug nach Mexiko und Jamaika, wo es um den Bau und die Übergabe neuer Botschaften ging. Ich zeigte den Buchtitel *Die Stunde der Komödianten* von Graham Greene. Der Buchhändler auf der Reichsstraße im Berliner Westend hatte mir den Haiti-Roman zur Einstimmung auf die Mittelamerika-Reise empfohlen. Der Roman spielt in der Zeit des Terrorregimes „Papa Doc" Duvaliers und seiner berüchtigten Tontons Macoute. Graham Greene hatte in den Fünfzigern dort eine Zeit gelebt. „Den Roman habe ich schon zehnmal gelesen", sagte von Nordenskjöld. „Ich war Botschafter auf Haiti. War eine gute Zeit. Ich konnte helfen, einen ganzen Stadtteil zu elektrifizieren. In dem Roman ist vieles authentisch: das Hotel, in dessen Schwimmbecken die Leiche gefunden wird, der Rum-Punsch, der dort getrunken wird, und nicht zuletzt die Romanfigur Petit Pierre, der Journalist." Und er eröffnete mir dann: „Wir müssen noch einen Abstecher nach Haiti machen, wir brauchen auch dort eine neue Botschaftskanzlei."

Im Hotel Oloffson
Wenige Tage später, im Juli 1996 in Port-au-Prince, der Hauptstadt von Haiti, nach Ortsbesichtigung und Baubesprechung für die neue Botschaft mit dem örtlichen Kontaktarchitekten und Regionalbauleiter Hartwig Rohr-

beck, entspannten wir uns im Hotel Oloffson, dem Geburtsort von Graham Greenes Roman. Mit Blick auf das leere Schwimmbecken probierten wir den legendären Rum-Punsch.

Auf dem Tisch lag, halb gelesen, *Die Stunde der Komödianten,* als „eine bekannte Gestalt" hereintrat, in der Hand einen Ebenholzstock mit Silberknauf – Aubelin Jolicoeur alias Petit Pierre. Graham Green: „Eine bekannte Gestalt bahnte sich den Weg zu mir ... Er kicherte zu mir hinauf, wobei er sich auf die Schuhspitzen stellte, denn er war von winziger Gestalt. Er war genau, wie ich ihn im Gedächtnis hatte: voll Heiterkeit. Selbst diese Tageszeit gab ihm Anlass zu Humor. Er hatte die schnellen Bewegungen eines Äffchens und schien sich auf einem Seil von Gelächter von Wand zu Wand zu schwingen. Ich hatte mir stets vorgestellt, dass er einmal, wenn jener Tag kam, der bei seinem unsicheren und herausfordernden Lebensunterhalt unweigerlich kommen musste, seinem Scharfrichter ins Gesicht lachen würde, wie es angeblich die Chinesen tun ..."

Der Journalist setzte sich zu uns und erkundigte sich nach unseren Plänen. Ich überreichte ihm auf einer Serviette eine Skizze unserer neuen Botschaft. Die Romanfigur Petit Pierre signierte den Roman: „To Florian Mausbach with best wishes and my pleasure of meeting you. A. Jolicoeur July 21/96."

Seitdem begleitete er unseren Botschaftsbau nicht nur mit breiter Berichterstattung im örtlichen *Nouvelliste,* son-

Deutsche Botschaft Haiti, Ansichtszeichnung – Eigenentwurf BBR

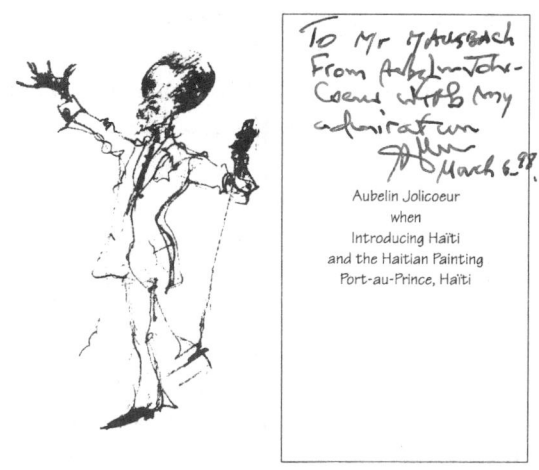

Aubelin Jolicoeur – Zeichnung mit Widmung

dern auch mit guten Ratschlägen für die künstlerische Ausgestaltung der Botschaft. Er machte uns in seiner Galerie mit haitischer Kunst vertraut, mit der volkstümlichen Malerei, den Schnitzereien aus Treibholz und den typischen Eisenskulpturen mit Voodoo-Motiven, geschnitten aus platt gehämmerten Öltonnen.

Der Charme der Karibik

Im üppigen Garten der Botschaftsresidenz gelegen, einer prunkvoll aufragenden herrschaftlichen Villa, wirkt die eingeschossige neue Kanzlei bescheiden. Sie orientiert sich an der Architektur der Karibik: Außenwände in Kalkbruchstein, weiß geputzte Innenwände, Türen, Fenster und Decken in Tropenholz, über allem ein großes rotes Ziegeldach, in der Mitte ein offener Patio mit einem Schatten spendenden Baum. Für die künstlerische Ausgestaltung der Kanzlei war uns der beste haitische Eisenschneider empfohlen worden – Jonas Soulouque. Am Eingang grüßen zwei große, aus Eisen gehämmerte und geschnittene mythologische Bäume: die deutsche Eiche und der Mapou-Baum Haitis. Für eine Wand im Hof hatte der neue Botschafter Julius Georg Luy statt eines Voodoo-Motivs ein Märchenmotiv gewählt – die Bremer Stadtmusikanten. Die Eingangshalle schmückt ein Wandgemälde, „Die Hochzeit" des berühmten haitischen Künstlers Wilson Bigaud. Es zeigt rund um das weiß gekleidete Hochzeitspaar die ganze heitere Buntheit der haitianischen Gesellschaft. Der schöne Bau mit seiner Verneigung vor der Kultur der Karibik wurde 1997 begonnen und 1998 fertiggestellt. Es war ein Eigenentwurf unseres Planungsreferats. Damals konnten kleinere Bauvorhaben wie dieses mit Baukosten von einer Million DM noch von uns selbst gestaltet werden, was später mit fortschreitendem Personal- und Kompetenzabbau nicht mehr möglich war.

Der Geist des Ortes

Der Journalist Jolicoeur schilderte im *Nouvelliste* mit haitianischem Blick den Tag des Richtfests:

„Es macht glücklich zu sehen, wie die Begeisterung wieder einmal die deutschen Gedanken beflügelt, die aus dem Deutschland von Leibniz und Kant eine Nation von Philosophen machen, eine Nation, die die Kräfte der Natur, wie sie in Haiti im Geist des Voodoo verehrt werden, achtet, im Baum, dem Träger so vieler Wohltaten … Am Morgen auf der Baustelle bewunderten die Baubeamten aus Deutschland, was seit ihrem letzten Besuch fertig geworden war. Eine majestätische Zeder war zurechtgestutzt worden, entkam aber der Zerstörung, um sich im Innern des Gebäudes zu erheben wie ein Mittelpfeiler mit großen und langen knospentreibenden Armen, gleichsam um zu zeigen, dass der Geist des Ortes hier noch wohnt. Es wurde auf das Dach gedeutet, wo ein Buchsbaumkranz mit Bändern in den Farben Deutschlands aufgehängt war ... Am Nachmittag machte man sich ans Richtfest, das eine Art Widmung des Gebäudes an die Geister ist, darunter die der Bäume, die geschützt und bewahrt werden ...

Auf ein Zeichen des deutschen Botschafters folgten alle zur Zeremonie des Richtspruchs. Herr Rohrbeck sprach die magischen Worte auf Deutsch, leerte mit sakraler Geste ein Glas Rum und warf es fort über seinen Kopf hinweg. Der Ingenieur Baptiste tat es ihm gleich, in französischen Worten, mit der gleichen Gebärde. Er sprach, als richte er sich an die Geister: Das Haus ist vollendet. Es hat Fenster und Türen. Es sieht solide aus. Der Maurer hat es gemauert. Der Zimmermann ihm ein Dach gegeben. Ob es standhält und aushält, wird sich zeigen. Selbst wenn das Dach vor dem Regen schützt und die Mauern vor Wind und Staub, so liegt es doch immer an Gott, ob wir in Frieden leben ..."

Im *Nouvelliste* erschienen alle Richtfestreden, auch mein Schlusswort: „Deutschland und Haiti sind sehr verschieden, ja gegensätzlich. Aber es sind Gegensätze, die sich anziehen. Die Menschen im Norden träumen von der Sonne in der Karibik, vom Reichtum der Natur. Es ist der Traum vom verlorenen Paradies. Die Menschen im Süden schauen auf den technischen und wirtschaftlichen Reichtum des Nordens. Zur Entwicklung der Menschheit und der Menschlichkeit gehört beides. In der Architektur und der Kunst dieses Hauses verbinden sich die zwei Seiten des Gegensatzes, die technische Rationalität und Disziplin des Nordens mit der Phantasie, Spontaneität und Natürlichkeit des Südens."

Haiti ist ein von Katastrophen heimgesuchtes, bitterarmes Land. Es ist noch nicht lange her, da verheerte im Jahr 2010 ein Erdbeben die Insel mit Hunderttausenden Opfern.

2005 berichtete ein kurzer Nachruf im Feuilleton der *FAZ* vom Tod des haitischen Journalisten Aubelin Jolicoeur im Alter von 81 Jahren.

Kapitel 12

EINE ADRESSE FÜR DAS BUNDESPRESSEAMT

Schaute man im Jahr 1995 von der Straße Unter den Linden in die Schadowstraße, bot sich am Ende der trostlose Anblick einer schmucklos grauen Kratzputzfassade – das Haus Dorotheenstraße 84. Es sollte Eingang und Adresse des Bundespresseamtes werden. Nur das mächtige Rundbogenportal des viergeschossigen Hauses erinnerte noch daran, dass es einmal bessere Zeiten erlebt hatte. Darüber stand jetzt „Postscheckamt", über den Ladenfenstern daneben verblasst „HO Bäckerei" und „Lebensmittel HO".

Von der Markthalle zum Postscheckamt

Das Portal war einst der Haupteingang zur städtischen Markthalle Nr. IV von 1886. An der Rückseite zur Spree gelangten Obst, Gemüse und Fleisch von der Bootsanlegestelle durch einen Tunnel in den Marktkeller. Hinter dem Torhaus verbarg sich in dreifacher Breite eine riesige Markthalle. Das Markttreiben wurde damals aus Gründen der Hygiene von den Plätzen Berlins in Markthallen verlagert. Der verantwortliche Stadtbaurat Hermann Blankenstein schuf hier in der vornehmen Mitte Berlins eine besonders schöne, fein gegliederte und geschmückte Fassade mit einem Palladio-Motiv. Der hohe Torbogen wurde von rechteckigen Fenstern doppelgeschossiger Läden flankiert. Das Sockelgeschoss ganz aus hellem Sandstein trug eine zweigeschossige spätklassizistische Wohnhausfassade mit drei Fensterpaaren, die Wandflächen rosa verblendet, darüber eine Attika mit ausladendem Terrakotta-Gesims und ornamentalem Fries. Die schwindende Wohnbevölkerung im Zentrum der Reichshauptstadt war 1913 der Grund für die Schließung der Markthalle. An ihrer Stelle wurde ein Postscheckamt errichtet als Doppelhofanlage mit Büros und Großräumen. Das stadtbekannte Torhaus mit seiner edlen Fassade aber wurde verschont. Das Tor führte jetzt die Kunden der Post über eine gewölbte Passage in die mit einer Glaskuppel überdachte großartige neue Schalterhalle.

Dorotheenstraße 11, ehemaliges Postscheckamt, 1995

Kratzputz

Die Torhausfassade überlebte den Zweiten Weltkrieg. „Zur Währungsreform 1948 standen die Ost-Berliner noch vor der Sandsteinfassade", berichtete der denkmalpflegerische Gutachter Helmut Maier, 1951 aber zeigte sich das Postscheckamt zu den Weltjugendfestspielen „voll Stolz mit einer damals so beliebten Kratzputzfassade zwischen den Nachbarruinen". Dass die Fassade des Historismus dem Kratzputz weichen musste, war weniger der Not geschuldet als dem in Ost und West gleichermaßen grassierenden Zeitgeist der Verachtung des 19. Jahrhunderts. Es war der bilderstürmerische, geradezu manische Waschzwang gegenüber historisierender Architektur und wilhelminischen Stuckfassaden, den Wolf Jobst Siedler 1964 am Beispiel Berlins in seinem Buch *Die gemordete Stadt* anprangerte.

Der Wiedergutmachung des Fassadenmordes aber stand der Rigorismus moderner Denkmalpfleger und Architekten im Wege. „Du sollst nicht rekonstruieren!", hieß ihr Gebot – Ruinen und Kratzputz als Strafe und Buße. Es ging um Vergangenheitsbewältigung. Vom Goethehaus in Frankfurt am Main 1947 bis zur Frauenkirche in Dresden 1996 wurde um das Auferstehen aus Ruinen gestritten – Memento, das die Wunden zeigt, oder Erinnerungsarchitektur, die Wunden heilt.

Rettender Engel

Das Bundespresseamt kann sich nicht vorstellen, seinen Sitz in der Hauptstadt im Büßergewand einer ärmlichen Kratzputzfassade zu präsentieren. Doch Architekt und Denkmalpfleger verweigern sich einer Wiederherstellung des zerstörten Gesichts des Hauses. Verschiedene Alternativpläne gipfeln in dem Vorschlag einer vor dem Haus befestigten Glasscheibe mit einer geätzten Kopie der historischen Fassade. Ich wende mich – „Ein Haus ist keine

Vitrine!" – an Berlins obersten Denkmalkonservator Prof. Helmut Engel. Er versachlicht die Debatte und fordert vor einer Entscheidung über die Wiederherstellung der Fassade eine gründliche wissenschaftliche Erarbeitung der Befunde in Quellen, Akten, am Bau selbst und an vergleichbaren Bauten des Stadtbaurats Blankenstein.

Als der Kratzputz entfernt ist, tritt das Bild einer zwar flachen, doch originalen Sandstein-Backstein-Fassade hervor mit exakt ablesbaren Umrissen und Details der Fassadengliederung. In einem alten Firmenkatalog finden sich

Dorotheenstraße 11, Bundespresseamt, 2001

maßstäbliche Fotos des Gesimsfrieses. Schließlich ergibt sich aus vielen Puzzlesteinen ein komplettes maßgenaues Fassadenraster. Mit der Auflage, durch photogrammetrische Auswertung von Schrägaufnahmen aus der Vorkriegszeit die genaue Profilierung der Fassadenelemente festzustellen, gibt Prof. Engel bei einem Ortstermin grünes Licht für die Wiedererweckung der Fassadenschönheit – Rekonstruktion als Denkmalpflege. Der 2019 verstorbene Landeskonservator des wiedervereinigten Berlin wird als rettender Engel in Erinnerung bleiben.

Kapitel 13

IN REKORDZEIT: DEUTSCHE SCHULE PEKING

Wo war der Diplomatenpass mit dem Visum? Ich hatte eine Einladung für die Schlüsselübergabe der Deutschen Schule Peking im November 2000 und war dabei, meinen Koffer zu packen. Meine Sekretärin war krank und ihre Vertretung hatte meine Reisedokumente vergessen. Was tun? Ich nahm meinen persönlichen Pass und fügte ein Foto von Deng Xiaoping hinzu, mit dessen persönlicher Widmung.

1977 war es als Dankeschön des großen Reformers beim Abschiedsbankett in Guangzhou feierlich überreicht worden. Im Frühjahr 1976 hatte ich als Lektor im Fremdsprachen-Verlag Peking eine kleine Wandzeitung gegen die linksradikalen Verfolger Deng Xiaopings verfasst. Im Pekinger Flughafen wurde das Foto von Deng Xiaoping als Visum akzeptiert.

Schön und schnell

Es war eine glückliche Schlüsselübergabe. Der Schulneubau war nicht nur ein architektonisches Meisterwerk, er war auch in überraschend kurzer Zeit fertig geworden und beendete viele Jahre notdürftiger Unterbringung von Schülern und Lehrern. Von der Auslobung des Wettbewerbs 1997/98, über den Entwurfsbeginn 1998 und den Baubeginn 1999 bis zur Fertigstellung waren nur knapp zwei Jahre vergangen! Zuvor war von der Stadt Peking das noch mit Schlichtbauten dicht bebaute Gelände wie über Nacht von Bulldozern freigeräumt worden. An der stark befahrenen Liang Ma Quao im Dritten Diplomatenviertel schoss ein Hochhaus nach dem anderen in die Höhe. In dieser sich rasch wandelnden, wild wachsenden Umgebung wirkte das neue, wohlgeordnete Gelände der Botschaftsschule wie eine kleine ruhige Insel aus einer anderen Welt – eine gelungene Komposition aus einem gestreckten Schulgebäude und einem aufragenden Punkthochhaus für Dienstwohnungen.

Kräftige Farben dienen der Selbstbehauptung in einer amorphen Umgebung, Rot für die Schule, Gelb für das Wohngebäude. Zwei dreigeschossige lange Riegel mit Schulklassen, Verwaltung und Kindergarten flankieren die zentralen Gemeinschaftsräume, die auch außerschulischen Veranstaltungen offenstehen. Sie bilden mit Schulhof, Foyer, Aula und Sporthalle eine von Tageslicht durchflutete Raumfolge. Das zur Straße orientierte Wohnhochhaus aus zwei verbundenen neungeschossigen Scheiben markiert sichtbar den Eingang zum Schulgelände. Da der Finanzminister bei Wohnbauten für Botschaftspersonal im Ausland hinsichtlich der Grundrissgrößen immer knausert, gab es auch hier Beschwerden. Der Personalratsvorsitzende demonstrierte mir empört die Enge des Wohnraums: Sein mächtig breiter dunkler Gründerzeit-Buffetschrank, den er auf Weltreise mitgenommen hatte, passte tatsächlich kaum hinein.

Wolfgang Neusüß, Unterabteilungsleiter im Bauministerium, nannte als einen der Gründe für das gelungene „Zeitmanagement", dass Bundeskanzler Schröder, der zum Richtfest eigens nach Peking geflogen war, im Jahr zuvor (wenn auch nur mit kurzem Erfolg) das einst größte deutsche Bauunternehmen Philipp Holzmann vor der Insolvenz gerettet hatte. So wurden für den Generalunternehmer Holzmann Zeitplan und Gelingen des Schulbaus zur Ehrensache.

Wettlauf

Als Preisgericht und Wettbewerbsteilnehmer sich in Peking über Ort und Bedingungen des Schulprojekts informierten, war der ambitionierte Zeitplan bereits umstrittenes

Deutsche Schule Peking, Architekten von Gerkan Mark und Partner, Hamburg

Thema und Anlass für eine Wette. Als Wettkampfleiter formulierte der Prüfstatiker Dr. Wolfgang Stucke: „Hiermit wird die Gründung einer Wettgemeinschaft beschlossen und besiegelt. Wettgegenstand: Jahr der Fertigstellung der Deutschen Schule Peking. Wetteinsatz zum Zeitpunkt der Eröffnung in Peking. Jeder hat so viele Flaschen seines besten Weines beizusteuern, wie die von ihm genannte Jahreszahl nach oben oder unten abweicht. Qualität und Ehre sind Voraussetzung der Teilnahme." Die Wette wurde auf einem Blatt der Beijing Shunfeng Catering and Entertainment Company Ltd. mit Unterschrift und rotem Fingerabdruck gezeichnet. Meinhard von Gerkan hatte auf das Jahr 2000 getippt. Als Sieger des Architektenwettbewerbs hielt er den Fertigstellungstermin ein! Im Januar 2001 berichtete er dem Wettkampfleiter: „Es ist vollbracht. Die Schule wurde im November 2000 fertiggestellt … Die größten Verlierer sind Ivan Reimann und der Wettkampfleiter selbst. Insgesamt hat die Wette bei 18 Teilnehmern eine Ausbeute von 40 Flaschen erbracht, genug für einen genussreichen Abend und eine weinselige Nacht in Peking." Leider ist es zur Einlösung der Wette nicht mehr gekommen.

Gerkan, Marg und Partner aber hatten mit ihrem für die Deutsche Schule Peking gegründeten Büro aus deutschen und chinesischen Ingenieuren den Fuß in die Tür gesetzt für einen Markt, der sich weit öffnen sollte für viele deutsch-chinesische Architektur- und Städtebau-Projekte.

Kapitel 14

BAUEN IN KIEW

BABUSCHENKOS MODELL

Im zugigen Windfang des Altbaus, der als Botschaft in Kiew diente, saß in einen dicken Mantel gehüllt Frau Heyken, Gattin des deutschen Botschafters. Sie half bei der Ausstellung von Visa-Anträgen ausreisewilliger ukrainischer Juden. Unweit wurden in einem wachsenden Containerdorf in großer Zahl die übrigen Visa-Anträge bearbeitet. Der Andrang war groß und stieg noch dramatisch an, als ein Visa-Erlass des Auswärtigen Amtes die Weisung „im Zweifel für die Reisefreiheit" erließ. Der umstrittene Erlass wurde zum Skandal und später im deutschen Bundestag Thema eines Untersuchungsausschusses, vor dem auch Kiews Botschafter Eberhard Heyken aussagte.

Visa-Erlass und Botschaftsneubau

Die Antragsschwemme erhöhte Ende der neunziger Jahre des letzten Jahrhunderts den Druck auf den baldigen Bau einer neuen deutschen Botschaft in der Hauptstadt der Ukraine. Als ein windiger österreichischer Investor dem Auswärtigen Amt mit einem bunten Prospekt anbot, innerhalb kürzester Zeit in Kiew ein Botschaftsgebäude herzurichten, reiste ich alarmiert gemeinsam mit dem Architekten Josef-Paul Kleihues nach Kiew. Um zu zeigen, dass auch die Bundesbaubehörde schnell sein kann, stellten wir Botschafter Heyken eine vom Architekten Kleihues kurzfristig entworfene Botschaft in Plänen und Modell vor. Ein geeignetes

Grundstück in der Kiewer Altstadt gegenüber der Oper war dem Auswärtigen Amt angeboten worden. Es fiel nicht schwer, dem Botschafter von baulichen Abenteuern abzuraten und von einem seriösen Bundesbau zu überzeugen.

Als es vom Auswärtigen Amt, dem Bundesfinanzministerium und dem Bundesbauministerium grünes Licht gab für einen Botschaftsneubau und einen Architektenwettbewerb, reiste ich mit Mitarbeitern erneut nach Kiew, um in Begleitung von Botschafter Heyken im Kiewer Rathaus mit Bürgermeister Oleksandr Omeltschenko und Stadtarchitekt Sergej Babuschkin über erste Schritte für einen Botschaftsneubau zu beraten. Es begann vielversprechend. Der Bürgermeister sicherte nach einem Bekenntnis zu guten deutsch-ukrainischen Beziehungen jegliche Unterstützung für den Botschaftsneubau zu und gab dem Stadtarchitekten entsprechende Anweisung.

Ein ungewöhnliches Angebot

Wir Bauleute verabredeten uns mit dem Stadtarchitekten zu einem ersten amtlichen Fachgespräch, das noch am selben Abend in einem modernen Hochhaus stattfand. Es stellte sich indes nicht als Amtsgebäude der städtischen Bauverwaltung heraus, sondern als privates Architekturbüro Babuschkins, dessen moderne Büro-Ausstattung er uns stolz vorführte, samt Fitness-Räumen und Swimmingpool im Keller. Bei starken Getränken und guten Häppchen erläuterte er uns wortreich die Probleme des Bauvorhabens, des Baugrundstücks, der Erschließung und möglichen Streits mit den Nachbarn. Das sei alles sehr, sehr schwierig, aber doch lösbar. Mit seiner Hilfe. Wir bedankten uns. Als es aber um technische Pläne und Aussagen zum Baurecht zur Durchführung eines Wettbewerbs ging, machte er das Angebot, ihm selbst als in Kiew erfahrenem Architekten persönlich den Auftrag für den Bau der Botschaft zu geben. Das würde doch alles sehr vereinfachen.

Da mussten wir schlucken. Und um das ungewöhnliche Angebot zu verdauen, mussten wir Bundesbauleute uns erst einmal beratschlagen: Wir bewegten uns auf sumpfigem Gelände. Wie sollten wir trockenen Fußes zum Ziel gelangen?

Wettbewerb

Statt auf das Angebot Herrn Babuschkins einzugehen, forderten wir erneut von ihm als amtlichem Stadtarchitekten konkrete Unterlagen für die baldige Durchführung des Architektenwettbewerbs. Als dies trotz mehrfachen Nachfragens ohne Echo blieb, begannen wir – unter Annahme plausibler Bedingungen – mit den Vorbereitungen für den Wettbewerb und setzten Termine, um Druck zu machen. Botschafter Heyken bat ich um ein erneutes Treffen mit Kiews Bürgermeister und dem Stadtarchitekten. Es wurde ein ungewöhnliches Gespräch. Nach Darstellung des Sachverhalts wurde Stadtarchitekt Babuschkin vor unseren Augen und Ohren von Bürgermeister Omeltschenko so laut und heftig zurechtgewiesen, dass wir selbst erschrocken waren. Was er sagte, wurde nicht übersetzt, zeigte aber Wirkung. Wir bekamen unsere Wettbewerbsunterlagen und konnten endlich beginnen. Ende 1998 wurde der Realisierungswettbewerb ausgelobt und 1999 entschieden.

Der Wettbewerb suchte eine Lösung für ein Grundstück in der früheren Oberstadt Kiews gegenüber der Alten Oper in einer Baulücke zwischen malerischen Gebäuden aus der Zeit des Historismus. Den ersten Preis gewannen die Architekten Martini und Grossmann aus Rosenheim mit einem fünfgeschossigen strengen Würfel, der sich im Innern zu einer von Sonnenlicht durchfluteten, haushohen Halle öffnet. Ein freundlicher gläserner Pavillon mit eigenem Zugang war der Visa-Bearbeitung zugedacht. Der fertige Bau wirkt heute mit seiner durch hohe Fenster gegliederten eleganten Fassade aus hellgrünem Naturstein unter den farbigpittoresken Stuckkleidern der Nachbarn wie ein vornehmer Gesellschaftsanzug – diskret und respektabel.

Aber zum Bauen musste es erst einmal kommen. Wir hatten den Kiewer Stadtarchitekten als Gast des Preisgerichts nach Berlin eingeladen. Noch im Preisgericht kommentierte Babuschkin das Wettbewerbsergebnis mit dem Satz: „Das kann man in Kiew nicht bauen." Er empfahl, in einem nächsten Schritt den preisgekrönten Entwurf erst einmal in Kiew vorzustellen, vor einer Kommission für Denkmalschutz und Stadtgestaltung. Babuschkin bot an, das Modell, um den weiten Transport zu vermeiden, durch eine städtische Kiewer Baugesellschaft nach den Plänen der Architekten bauen zu lassen, ein Vorschlag, den wir gerne annahmen.

Babuschkins Modell

Es war morgens früh um neun im Kiewer Rathaus, als den Architekten und mir im Vorgespräch mit dem Stadtarchitekten ein Modell vorgestellt wurde, das wir nicht wiedererkannten. Es war zwar ein Würfel, doch mit einer farbigen Stuckfassade historisierend verkleidet. Als ich verblüfft erklärte, dies sei nicht der preisgekrönte Wettbewerbsentwurf, den könne ich nicht der Kommission vorstellen, antwortete der Stadtarchitekt zunächst mit Schweigen, dann mit dem denkwürdigen Satz: „Ein Glück, dass ich Ihrer Meinung bin." Und so stellten wir

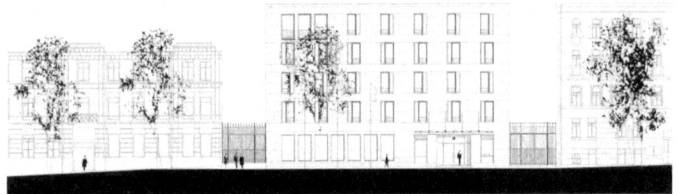

Deutsche Botschaft Kiew, Straßenansicht – Architekten Martini + Grossmann, Rosenheim

Deutsche Botschaft Kiew, Vogelperspektive

unser Botschaftsprojekt der Gestaltungskommission anhand der Pläne vor. Es gab eine heftige Diskussion. Dazu muss man wissen, dass der Dnjepr Kiew in zwei Teile teilt. Die Altstadt, in der unser Baugrundstück lag, blickt auf eine tausendjährige Stadtgeschichte zurück, die Neustadt auf dem Ostufer aber ist in den letzten fünfzig Jahren in Großsiedlungen auf den Reißbrettern sozialistischer Planer entstanden. Aller Unmut und Überdruss an dieser Kiewer Moderne jenseits des Dnjepr bekam nun unser Botschaftsbau zu spüren. Es fiel sogar das böse Wort „deutscher Bunker". In der Kiewer Altstadt, forderte der Kiewer Denkmalkonservator, solle nur noch historisch gebaut werden. Es war unser Glück, dass schließlich ein älterer Architekt, der offenbar hohes Ansehen genoss, ein beruhigendes und erlösendes Wort sprach: Es sei doch die deutsche Botschaft und nicht die ukrainische. „Seid vernünftig und lasst die Deutschen ihre Botschaft bauen." Das war das Schlusswort und so konnten wir mit Planung und Bau beginnen.

„Gebührenvielfalt"

Ralf Petry, unser erfahrener und durch nichts aus der Ruhe zu bringender Projektleiter, berichtete von den unendlichen Schwierigkeiten, mit denen er und seine Bauleute die nächste Zeit zu kämpfen hatten: eine undurchsichtige Bürokratie, unzählige Anlaufstellen und Einzelgenehmigungen und überall die Forderung nach „Gebühren", in einer „Gebührenvielfalt, der nur zu begegnen war, indem man sich taub oder dumm stellte".

Trotz aller Widrigkeiten ging es voran: Nach dem Wettbewerb 1999 folgte im Jahr 2000 der Baubeginn und 2002 die Fertigstellung. Am 6. Dezember 2001 nahmen Bundeskanzler Gerhard Schröder und Staatspräsident Leonid Kutschma am Richtfest teil. „Im Äußeren solide und dauerhaft, im Inneren offen und freundlich, so sollten die deutsch-ukrainischen Beziehungen sein, wie die neue deutsche Botschaft", hieß es. Mit dem Schlachtruf „Wo ist der Wodka?" beendete der Bundeskanzler den formellen Teil des Richtfests und lud zum Richtfestschmaus. Zur Einweihung im Jahr 2002 drängten sich ukrainische und deutsche Gäste im Lichthof. Zwei Köpfe ragten heraus, die der beiden Boxweltmeister Vitali und Wladimir Klitschko. Sie waren als Nachbarn eingeladen, ihr Boxstudio lag im Altbau gegenüber. Heute ist Vitali Klitschko Bürgermeister von Kiew. Babuschkin war bis 2006 Stadtarchitekt.

GOETHE UNTERM GALGENSTRICK

Von den Balken des Dachstuhls der Baustelle des Goethe-Instituts in Kiew baumelten zwei Galgenstricke. Mit großen Schlingen. Die Baufirma unterstrich damit ihre Forderungen. Der Konflikt hatte sich endgültig zugespitzt, als zwei Bauarbeiter wegen unzulässiger und ungesicherter Arbeiten zu Tode kamen. Eine Mauer war bei Stemmarbeiten auf sie gestürzt. Für Wochen war die Baustelle von der

Staatsanwaltschaft gesperrt. Unserem Projektverantwortlichen, zur Besprechung der Lage einschließlich der aufgestauten Zeitverzüge und Mehrkosten aus Berlin angereist, legte der Geschäftsführer des Generalunternehmers wortlos ein Stück Papier auf den Tisch: „Unterschreiben Sie oder wir stellen die Arbeiten ein!" Alle durch die Baufirma verursachten Zeitverzüge und alle noch zu erwartenden Mehrkosten sollten, friss oder stirb, auf der Stelle anerkannt und bewilligt werden. Eine Kündigung schien auch nach ergebnislosen Gesprächen mit der Mohyla-Akademie als Bauherrin unausweichlich. Als Botschaft und Goethe-Institut, um den Terminplan zu retten, selbst zu verhandeln begannen, schalteten sich das Bau- und das Finanzministerium ein. Sie gaben Anweisung zur sofortigen Kündigung.

Trotz „Erschwernissen" ein gelungener Bau

Ein ganzes Jahr lang ruhte die Baustelle. Denn die Trennung von einem Generalunternehmer bedeutete in Kiew eine neue Baugenehmigung: Die notwendige Eintragung des neuen Generalunternehmers in die Baugenehmigung bedurfte der Mitwirkung des gekündigten. Und einen „mit einer Unterschrift versehen schriftlichen Bescheid zu erlangen, ist eine schiere Unmöglichkeit", berichtete unser Projektleiter Ralf Petry. „Anfangs gibt es eine mündliche Aussage, verbunden mit der Empfehlung, erst einmal das Gespräch unter vier Augen zu suchen. Folgt man nicht, geschieht nichts weiter. Der Rat nach besonderen Zahlungen zur Beschleunigung der Vorgänge wird offen und ohne Scheu erteilt, auch mit dem Hinweis auf sonst mögliche ‚Erschwernisse'." Um ohne Einsatz von „Schmiermitteln" den Bau mit Anstand und in guter Qualität zu vollenden, bedurfte es Hartnäckigkeit, Geduld und fester Moral.

Der denkmalgeschützte Altbau, von den Berliner Architekten Marie-Josée Seipelt und Paul Dluzniewski mit seinen vier Geschossen zu einem der größten deutschen Goethe-Institute in Osteuropa umgestaltet, liegt auf dem Gelände und in der Nachbarschaft der ältesten Universität der Ukraine, der Mohyla-Akademie. Der Bau war Teil eines gemeinsamen Kulturprojekts mit dem British Council und ein Pilotprojekt kultureller europäischer Zusammenarbeit. Dies betraf nicht nur die bauliche Herrichtung des zweiflügeligen Baus, sondern auch die künftige Nutzung des Saals und des Cafés. Für die Mohyla-Akademie wurde ein separates Gästehaus hergerichtet. Unter Erhalt der historischen Fassade und der Tragkonstruktion ist ein gut ausgestattetes Kulturinstitut entstanden, das seine Gäste in freundliche Räume einlädt, in grünen und gelben Farben und hellem Holz.

Dramatische Schlüsselübergabe

Zur feierlichen Schlüsselübergabe des deutschen und britischen Kulturinstituts und des Gästehauses der Mohyla-Akademie waren hohe Gäste aus allen drei Ländern erschienen, aus Deutschland Jutta Limbach, ehemalige

Goethe-Institut Kiew, Außenansicht

Präsidentin des Bundesverfassungsgerichts und zu dieser Zeit Präsidentin des Goethe-Instituts. In den Reden zur Eröffnungsfeier wurde immer wieder Kritik laut wegen der langen Bauzeit und der damit verbundenen Kostensteigerungen, die Ursachen aber verschwiegen, so dass ich, auch um den Mitarbeitern gerecht zu werden, in meiner Rede darauf einging:

„Verehrte Frau Präsidentin,
Exzellenzen, meine Damen und Herren!
Von Johann Wolfgang Goethe stammt der Satz: Man mag immerhin Fehler begehen, bauen darf man keine! Dies gilt für Goethe-Institute ganz besonders.
Ich bin froh, um nicht zu sagen heilfroh, dass die Generalsanierung dieses Gebäudes nun abgeschlossen ist. Denn es war keine leichte Aufgabe und unter einem glücklichen Stern stand sie nicht.
Das Bauwerk aus dem 19. Jahrhundert wurde jahrzehntelang von der Sowjetarmee genutzt. Es war in einem ruinösen Zustand, so dass es bis auf die Außenmauern und wenige tragende Decken und Wände vollständig erneuert werden musste. Als die Bauarbeiten langsam vom Keller in die Höhe kletterten, wuchs der Streit mit dem Generalunternehmer. Die Baumängel mehrten sich. Schlechte Abstimmung unter den Baufirmen führten zum Terminchaos. Die Vernachlässigung von Sicherheitsvorkehrungen führte zu einem schrecklichen Unfall, den zwei ukrainische Arbeiter mit dem Leben bezahlen mussten."

Dies war der Leiterin des Goethe-Instituts zu viel. Sie stürzte auf die Bühne, um mir das Mikrofon zu entreißen. Vergeblich. Nachdem sie ihren Platz wieder eingenommen und die Unruhe im Saal sich gelegt hatte, fuhr ich fort:

„Zum Bruch mit dem Generalunternehmer kam es, als dieser drohte, die Arbeiten einzustellen, um mehr Geld zu erpressen. Die Verhandlungen waren von Drohungen begleitet. Als meine Mit-

arbeiter die Baustelle besichtigten, wurden Sie von zwei Henkerstricken begrüßt. Zwei große Schlingen baumelten vom Dachbalken. Der Baufirma wurde gekündigt. Die Baustelle lag für ein Jahr still.

Nach dreieinhalb Jahren können wir Ihnen heute den Schlüssel überreichen. Das Goethe-Institut Kiew ist ein kleiner Baustein für das wachsende Haus Europa, in dessen Räumen Freiheit, Demokratie und Gerechtigkeit herrschen sollen. Auch die große Baustelle Europa hat zurzeit Stillstand. Wenn es weitergehen soll, muss man über Probleme sprechen und die Dinge nicht beschönigen. Nur so können wir gemeinsam die Welt verbessern. Das gilt für große und kleine Baustellen.

Ich danke allen Mitwirkenden – der Bau ist schließlich doch gelungen – Ende gut, alles gut! Er wird den Nutzern und Besuchern viel Freude machen. Ich wünsche allen, die in diesem Hause arbeiten und darin ein- und ausgehen, Glück, Erfolg und Gottes Segen!"

Der Beifall war verhalten. Beim anschließenden Empfang standen wir Bauleute abseits. Nur der Repräsentant des British Council sprach mit uns, um sich nach den tödlichen Unfällen und den Bauproblemen zu erkundigen. Beim Verlassen des Hauses fingen mich an der Tür zwei Frauen ab, eine ukrainische Ortskraft des Goethe-Instituts und die Menschenrechtbeauftragte des ukrainischen Parlaments. „Es war gut", bedankten sie sich, „dass Sie ausgesprochen haben, wie es hier zugeht!"

Kapitel 15

DER KOLOSS VON PRORA

Der Anruf von Staatssekretär Tilo Braune aus dem Bundesbauministerium betraf eine ungewöhnliche Liegenschaft des Bundes – Prora auf Rügen. Der Eigentümer, die Bundesimmobilienanstalt, wäre die 2,5 Kilometer lange Hotelanlage aus fünf Betonblöcken gerne losgeworden, auch durch Abriss, aber das 1936–1939 errichtete und unvollendet gebliebene NS-Seebad steht seit 1994 unter Denkmalschutz. Seit dem Ende der DDR, die die Bauten als Kasernen nutzte, standen die Hotelblöcke leer bis auf einzelne provisorische Ausstellungsräume und das Dokumentationszentrum Prora. Jetzt sollte im nördlichsten Block eine Jugendherberge entstehen, erklärte der Staatssekretär. Ob wir mit unserer Erfahrung helfen könnten bei einem Architektenwettbewerb? Wir konnten. Der Startschuss für den Jugendherbergs-Wettbewerb erfolgte im Jahre 2003 beim großen Jugendfestival „Prora 03". Christina Rau, Gattin des Bundespräsidenten, war Schirmherrin des Festivals, das 15.000 Jugendliche zu Musik und Spielen nach Prora lockte. Es sollte die Berührungsängste gegenüber dem historisch belasteten „Koloss von Prora" nehmen und den Blick für seine Chancen öffnen.

Zwiespältige Hinterlassenschaft

Worin lagen die Chancen? Der Architektenwettbewerb für eine Jugendherberge in einem Halbteil des nördlichen Blocks von Prora weckte die öffentliche Neugier auf die Zukunft der kolossalen Ruine. Eine erfolgreiche Wiederherstellung in einem exemplarischen Teilstück und seine

Nutzung als Jugendherberge konnten einen Dominoeffekt für die übrigen Blöcke auslösen. Zugleich belebte der Wettbewerb die notwendige Diskussion über den Umgang mit der zwiespältigen Hinterlassenschaft.

Als 1937 das Modell des KdF-Seebades Prora auf der Weltausstellung in Paris vorgestellt wurde, war die Jury fasziniert. Die 4,5 Kilometer lange Hotelanlage für 20.000 Menschen am Ostseestrand auf Rügen erhielt den Grand Prix. Es war die Zeit, als Architekten und Ingenieure monumentale Großbauten für die moderne Massengesellschaft ersannen, Bürotürme und Großsiedlungen, Kraft- und Industriewerke, Stadien und Autobahnen. Während die Bandstadt-Ideen Ernst Mays für Magnitogorsk (1929) und die von Le Corbusier für Algier (1931) Papier blieben, wurde Prora tatsächlich gebaut, wenn auch nie vollendet.

Zu Beginn des Zweiten Weltkriegs stand sieben von acht Hotelblöcken im Rohbau; 1943 wurden Teile der Anlage für die Opfer des Luftangriffs auf Hamburg ausgebaut, 1944 wurde Prora Lazarett, schließlich Flüchtlingsunterkunft. Nach Kriegsende internierten die Sowjets hier

Seebad Prora, Ruine, 2003

Landbesitzer. Als die Nationale Volksarmee Prora 1956 übernahm und die verbliebenen fünf Hotelblöcke notdürftig herrichtete, wurden bis zu 10.000 Soldaten stationiert, auch viele den Wehrdienst mit der Waffe verweigernde „Bausoldaten".

Volkswagen und Prora

Das Seebad war ein Projekt der NS-Massenorganisation „Kraft durch Freude". Gewerkschaften und Arbeiterbewegung waren zerschlagen, ihre Führer im KZ. Terror und Verführung – Zwangsvereinigung in „Arbeitsfront" und „Kraft durch Freude" – sollten die Arbeiterschaft ruhigstellen und für das NS-System gewinnen. Ein weiteres spektakuläres KdF-Projekt war der Volkswagen. War Prora mit seinen Reise- und Urlaubsangeboten Vorbote des Massentourismus, so war der Volkswagen Vorbote der Massenmotorisierung. Beide NS-Projekte griffen zukunftsweisende Entwicklungen auf, beide hatten verführerische Wirkung. Für 1000 Reichsmark, so warb Hitler persönlich, sollte jeder Deutsche einen Volkswagen kaufen können. Doch es kam anders. Mit Kriegsbeginn wurde der VW-Käfer zum Geländewagen der Wehrmacht und Prora zum Kriegslazarett. Am Ende stand der Untergang der „Wilhelm Gustloff", sie versank, als KdF-Urlaubsschiff gebaut, als Flüchtlingsschiff in der Ostsee. Tausende Menschen kamen dabei ums Leben.

Die Dimension des „Kolosses von Prora" ist heute nur noch aus der Vogelschau zu erkennen; von See wie von Land verbirgt sich der Bau in seiner ganzen Größe hinter Kiefernwald und Dünen. Anders als die NS-Propagandabauten in ihrem antikisierenden Monumentalstil entstand das Seebad wie das Volkswagenwerk in Wolfsburg als Fortentwicklung der Architektur der Sachlichkeit der 1920er Jahre. Die neuen Bandarchitekturen folgten in

Funktion und Gestalt der Massenproduktion und dem Massentourismus. Sie spiegeln die Fließbandarbeit in Großfabriken und die Büroarbeit der Angestellten – und den Urlaub als Teil der Rekreation für die moderne, durch die Stechuhr getaktete Arbeitswelt.

Erste Bettenburg der Welt

Der Entwurf des Kölner Architekten Clemens Klotz von 1935, seine den Strand säumende, schmucklose Hotelanlage mit ihren gleichsam ins Meer stechenden, schiffsartigen Bastionen für Großrestaurants und Gemeinschaftsräume, hätte auch einem utopischen Bauhaus-Prospekt entspringen können. Die an Ernst Mays Frankfurter Römerstadt erinnernden Bastionen sind nie gebaut worden. Insofern täuscht das heutige monotone Bild. Das Foto der Mustereinrichtung eines Zimmers zeigt eine schlichte, moderne Möblierung. Die Behauptung, Proras Schlafzellen seien NS-typisch, weil sie die Urlauber in ideologisch kontrollierte Gemeinschaftsräume zwingen sollten, entspringt der Neigung zur Dämonisierung. Um kostensparend viele Menschen unterzubringen, entwarf schon das Bauhaus „Wohnungen für das Existenzminimum". Und die Bettenburgen auf den Kanaren oder den Balearen? Hätte Prora statt im Osten im Westen gelegen und das „Wirtschaftswunder" miterlebt, wer weiß, ob das Seebad nicht wie der VW-Käfer Karriere gemacht hätte.

Die Jugendherberge macht den Anfang

An der Ostsee wurde 1882 der Strandkorb erfunden, erstes Zeichen des Massentourismus. Und 1936 mit Prora die erste Bettenburg der Welt. Heute lockt Deutschlands größte Insel mit Natur und Kultur. Die Bandstadt liegt wie Binz mit seiner historischen Bäderarchitektur an der schönsten Bucht Rügens, der Prorer Wiek. Bahnstationen und die neue Rügenbrücke verbinden mit dem Festland. Polen ist nah und vom Sassnitzer Fährhafen geht es nach Schweden, Dänemark, Finnland, Russland und ins Baltikum. Private Unternehmer verwandeln die Blöcke Proras in Urlaubshotels und Ferienwohnungen. Den Anfang aber machte die Jugendherberge im nördlichsten Block der Gesamtanlage.

Nach der erfolgreichen Durchführung des Architektenwettbewerbs durch unser tüchtiges Wettbewerbsreferat unter der Leitung Beate Hückelheim-Kaunes ging es mit der weiteren Bauvorbereitung nicht recht voran. Eines Tages erreichte mich aus Schwerin der Hilferuf eines Staatssekretärs des Landes Mecklenburg-Vorpommern: „Sie haben uns so beim Wettbewerb geholfen, können Sie uns nicht auch bei der Realisierung der Jugendherberge zur Seite stehen?" Prora war zwar eine Bundesliegenschaft, doch gehörte eine Jugendherberge auf Rügen nicht zu unseren eigentlichen Aufgaben. Über die Bitte konnte nur das Bundesbauministerium entscheiden. Und so empfahl ich dem Schweriner Staatssekretär, sich an seinen Kollegen Tilo Braune zu wenden: „Fragen Sie ihn, ob wir nicht so eine Art Lotsenfunktion für das Projekt übernehmen könnten." Am nächsten Tag klingelte das Telefon. „Hier Staatssekretär Braune. Lieber Herr Mausbach, könnten Sie nicht so etwas wie eine Lotsenfunktion für die Jugendherberge Prora übernehmen?" Wir konnten und taten es gern.

Baulotsen

In regelmäßigem Turnus luden wir seit 2003 zur Projektbesprechung am runden Tisch nach Berlin. Teilnehmer waren Vertreter des Deutschen Jugendherbergswerks, des Landratsamts Rügen, des Finanzministeriums aus Schwerin, der beteiligten Bundesministerien und des BBR. Es ging um Planung, Finanzierung und öffentliche Fördermittel für eine Jugendherberge mit circa 400 Betten im nördlichsten Block V von Prora. Finanzielle Unterstützung sollte das Projekt des Deutschen Jugendherbergswerks erhalten aus Fördertöpfen von Bund, Land Mecklenburg-Vorpommern und der EU. Im November 2006 schloss die Bundesanstalt für Immobilienaufgaben einen Kaufvertrag über den Block V mit dem Landkreis Rügen, der die Liegenschaft im Erbbaurecht an das Deutsche Jugendherbergswerk vergab. Als erster Schritt wurde 2007 ein internationaler Jugendzeltplatz mit 250 Plätzen errichtet.

Als im Jahre 2009 zur Finanzierung der Jugendherberge – sie sollte am Ende 16,3 Millionen Euro kosten – immer noch ein größerer Betrag fehlte, half Glück im Unglück. In der weltweiten Finanzkrise schnürte die Bundesregierung das Konjunkturpaket II, den Pakt zur „Sicherung der Arbeitsplätze, Stärkung der Wachstumskräfte und Modernisierung des Landes". Insbesondere sollten fertig geplante Bauprojekte zur raschen Umsetzung finanziell gefördert werden. Dass dies die Chance für die fertig geplante Jugendherberge war, hatte der pfiffige Ministerialrat Dr. Andreas Trümper aus dem Schweriner Finanzministerium sofort begriffen. Er telefonierte mit den für das Konjunkturpaket II zuständigen Berliner Kollegen, sorgte dafür, dass die Förderbestimmungen passten, und sicherte so die vollständige Finanzierung.

Ein Gutachten zum Schluss

Im Jahre 2010 wurde ich, schon Pensionär, um ein denkmalpflegerisches Gutachten gebeten. Die Planungskonzeption des Landkreises Rügen unterschied sich vom Ergebnis des Architektenwettbewerbs aus verschiedenen Gründen, aus Kostengründen, aber auch in der energetischen Zielsetzung eines CO_2-neutralen Gebäudes. In dem mit dem

Jugendherberge Prora, 2011

NS-Bau-Experten Prof. Dr. Wolfgang Schäche abgestimmten Gutachten formulierte ich: „Die bisher verfolgte Fassadengestaltung der Wettbewerbslösung der Architekten Kempe Thill hätte bei unbestreitbarer architektonischer Raffinesse eine moderne Verfremdung des Baublocks bewirkt, was seinerzeit bei der Wettbewerbsentscheidung als Vorzug gewertet wurde. Die heute zwingende Notwendigkeit der Beachtung hoher energetischer Anforderungen … hat zu neuem technischem, architektonischem und denkmalpflegerischem Nachdenken Anlass gegeben. Es bietet sich jetzt die Chance einer möglichst authentischen äußeren Gestaltung nahe am geplanten und gebauten Original. Zugleich sollte der mittlerweile auch historische Rohbau-Charme, wo es möglich ist, erhalten bleiben. Neue Details und Zubauten sollten dem robusten Charakter des Gebäudes entsprechen. Da die Wiederholung gleicher Elemente und die so erzeugte Gleichförmigkeit eines der wesentlichen typologischen Merkmale von Prora und vergleichbarer Bauten jener Zeit ist, sollte Versuchen und Versuchungen gewehrt werden, die Monumentalität und Gleichförmigkeit der Baublöcke und des Gesamtkomplexes durch ‚Lebendigkeit' von Bauteilen, farbige ‚Auflockerung' und zergliedernde ‚Kleinteiligkeit' zu individualisieren. Buntheit, Lebendigkeit und menschlichen Maßstab werden die künftigen Nutzer mit sich bringen."

Am 4. Juli 2011 wurde die Jugendherberge eröffnet. Sie bietet in 99 Zimmern 418 Betten, im Erdgeschoss einen Speisesaal und eine Cafeteria mit hochmoderner Küche sowie eine freistehende große Mehrzweckhalle. Erklärtes politisches Ziel ist die „internationale Ausrichtung". Sie soll an diesem durch seine Geschichte, aber auch durch seine landschaftliche Schönheit herausragenden Ort Jugendlichen aus Deutschland und den Nachbarländern Gelegenheit zu Freizeit, Sport und Erholung bieten, zu Begegnung und interkulturellem Austausch.

Kapitel 16

DER BUNKER ODER DIE FESTUNG DES ATOMZEITALTERS

Der Landrat von Bad Neuenahr-Ahrweiler hätte den Bunker als Attraktion und Sehenswürdigkeit am liebsten in ganzer Länge erhalten, erzählten die Mitarbeiter der Bauleitung im Herrenhaus Marienthal. Wir aber hatten den Auftrag, den Regierungsbunker freizuräumen. Das überraschend günstige Ergebnis der Ausschreibung lag vor und die Arbeiten sollten bald beginnen. An der Wand des Baubüros hing ein mehrere Meter langer Plan, der die 17,3 Kilometer lange Röhre zeigte, die unter dem Schiefergestein der Weinberge des Ahrtals den bis dahin als Staatsgeheimnis gehüteten Atombunker beherbergte. Der aus dem Ersten Weltkrieg stammende unvollendete Eisenbahntunnel war 1959 inmitten des Kalten Krieges zum „Ausweichsitz der Verfassungsorgane des Bundes" bestimmt worden.

Am 9. Dezember 1997 hatte das Bundeskabinett beschlossen, den Regierungsbunker aufzugeben. Ich ließ mir

Modellfoto Dokumentationsstätte Regierungsbunker, Architekten Schroeder + Schevardo, Bonn

die weitläufige Stollenanlage erläutern, mit ihrem zweigeschossigen Querschnitt – oben Schlafräume, unten Arbeitsräume –, mit fünf unabhängigen Sektoren mit eigenen Eingängen und Lüftungsanlagen, ausgestattet mit Kraftwerken, Hospitälern, Küchen und Speisesälen, Konferenz- und Kontrollzentren. Die Mitarbeiter, ein älterer hatte noch am Bau des Bunkers mitgewirkt, sahen ihrer zerstörerischen Aufgabe nicht ohne Wehmut entgegen – es war ein von ihnen über viele Jahre betreutes beeindruckendes technisches Meisterwerk.

Dokument des Kalten Krieges
In Berlin erinnern nur noch wenige Mauerfragmente an die Teilung der Stadt, weil im Überschwang der Freude über den Fall der Mauer die Zeugnisse des Todesstreifens fast vollständig beseitigt wurden. Sollte jetzt auch das zweite wichtigste bauliche Dokument des Kalten Krieges spurlos verschwinden? „Wenn die Einrichtung des Bunkers sich über die ganze Länge mehrfach wiederholt", stellte ich nachdenklich fest, „genügte nicht ein typischer Teil des Bunkers zur Dokumentation als historisches Zeugnis?" Mich interessierte die Lage der Eingänge: „Ein Haupteingang liegt oberhalb von Ahrweiler. Letztes Jahr sind wir beim Betriebsausflug auf dem Rotweinwanderweg da vorbeigegangen. Und unten im Tal ist das Museum der Römervilla. Der Bunkerzugang ist gut erreichbar und der Hubschrauberlandeplatz könnte als Parkplatz dienen. Was spricht dagegen, wenn wir dort ein 200 Meter langes Teilstück des Bunkers erhalten als Dokumentationsstätte des Kalten Krieges?" Ich zog auf dem Plan einen dicken Strich. „Den Seitenarm mit dem Hospital nehmen wir mit dazu. Ich spreche mal mit dem Landrat, mal sehen, was er dazu sagt. Einen Versuch ist es wert."

Von Pontius zu Pilatus

Es war nicht schwer, Landrat Pföhler von der Idee zu überzeugen. Hocherfreut lud er mich zu einem Spaziergang zum Bunkerausgang oberhalb Ahrweiler. Im Hotel-Restaurant Hohenzollern am Silberberg unweit des Bunkereingangs besprachen wir bei einem Glas roten Ahrweins erste Schritte. Ich würde mit den Verantwortlichen in der Bundesregierung sprechen, der Landrat mit dem Bürgermeister von Ahrweiler. „Der Landkreis kann gemeinsam mit der Stadt Ahrweiler den Betrieb der Dokumentationsstätte übernehmen, so wie beim Museum der Römischen Villa!"

Ich machte mich auf den Weg von Pontius zu Pilatus, wandte mich an das Haus der Geschichte in Bonn um wissenschaftliche Unterstützung und an die für den Bunker Verantwortlichen in den verschiedenen Bundesministerien.

„Wir erhalten Festungsanlagen aus Jahrtausenden", erläuterte ich und warb mit Erfolg für einen Teilerhalt der bereits historischen Bunkerfestung. „Allein in der Nähe des Regierungsbunkers liegt die Burg Eltz aus der Zeit Barbarossas, nicht weit im Taunus der römische Limes und in Koblenz an der Moselmündung in den Rhein die Festung Ehrenbreitstein. Der Bunker bei Ahrweiler ist eine Festung des Atomzeitalters. Er sollte für die Nachwelt als historisches Zeugnis des Kalten Krieges in einem exemplarischen Teilstück erhalten bleiben." Auch Dirk Kühnau gab grünes Licht, zunächst im Bundesfinanzministerium verantwortlich, dann im Vorstand der Bundesimmobilienanstalt als Eigentümer der Bunkerliegenschaft.

Dokumentationsstätte

Der Erhalt eines 200 Meter langen Teils des Bunkers bedeutete aber nicht nur Verzicht auf dessen Rückbau, sondern die Errichtung und Einrichtung einer wissenschaftlichen Dokumentationsstätte und eines Museums für eine große Besucherzahl. Zum Glück entwickelten sich die Kosten für den ungewöhnlichen gewaltigen Rückbau günstiger als erwartet. Einsparungen ergaben sich auch durch den Verzicht auf den Abriss einzelner Außenbauten, die aus den Weinbergen herausragten. Sie wurden stattdessen versehen mit einem Schild: „Außenbauwerk des Atombunkers der Bundesregierung aus der Zeit des Kalten Krieges". Der Landrat unterstützte die Einsparungen und die Baugenehmigung des Landkreises wurde entsprechend angepasst. Sie wurde zugleich um die Auflage einer schriftlichen und fotografischen Dokumentation erweitert; sie erlaubte es uns, zum Abschluss der Baumaßnahme einen umfangreichen dokumentarischen Bildband herauszugeben: *Der Regierungsbunker.*

Als es mit dem Rückbau losgehen sollte – im August 2001 war der Auftrag zu Abbruch und Entsorgung erteilt worden –, erschütterten die Bilder vom Terroranschlag auf das World Trade Center die Welt. Die NATO rief erstmals seit ihrem Bestehen den „Bündnisfall" aus. Ein Anruf beim Innenministerium ließ die Bauarbeiten vorerst stoppen. Zwei Wochen später aber hieß es: „Weitermachen."

Eines Tages platzte der Landrat mit der Nachricht herein, dass der Bürgermeister von Ahrweiler seine Bereitschaft zur Übernahme der Dokumentationsstätte zurückgezogen habe. Nun standen wir da mit unserem Bunkerteil und keiner wollte ihn haben. Schließlich fand der Landrat einen neuen Träger, den Heimatverein „Alt-Ahrweiler", der bereit war, die Dokumentationsstätte zu betreuen und zu betreiben. Aber war ein kleiner ehrenamtlicher Heimatverein dazu wissenschaftlich, technisch und organisatorisch überhaupt in der Lage? Wer damals Zweifel hatte, ist heute überzeugt. Er kann und konnte es.

Der Heimatverein schaffte sogar, was uns nicht gelang: das schwere Eingangssperrbauwerk aus zwei riesigen, 25 Tonnen schweren Rolltoren, das sich bei einem Atom-

Dokumentationsstätte Regierungsbunker, Blick in den Tunnel

schlag in Sekundenschnelle schließen musste, mit eigenen Ingenieuren wieder in Gang zu setzen. Unter lautem Hupen und aufleuchtenden Warnlampen schließt sich das Eingangstor zum erschrockenen Staunen der Besucher innerhalb von zehn Sekunden. Durch eine Anlage mit Duschen zur Dekontamination führt der Weg ins Bunkerinnere, durch Technik- und Ausstellungsräume auch in das Besprechungszimmer und den Schlafraum des Bundespräsidenten. Im Obergeschoss kann man einen Blick in die Schlaf- und Sanitärräume werfen, im Seitenarm des Tunnels in das Hospital mit seinen Behandlungsräumen. Am Ende öffnet sich dem Besucher der Blick in die Tiefe der leeren Tunnelröhre.

Ein europäischer Denkmalpreis

Im Jahre 2006 war der Rückbau des Bunkers bis auf die Dokumentationsstätte abgeschlossen. Nach den Plänen der Bonner Architekten Schroeder und Schevardo entstand vor dem Bunker ein markantes Eingangsgebäude für Empfang und Einführung der Besucher, ein mit einem großen Tor und einem langen Fensterschlitz bunkerähnlicher Vorbau aus rostrotem Cor-Ten-Stahl.

Im August 2007 wurde das Museum für das Publikum eröffnet. Es ist eine Erfolgsgeschichte geworden. Der Ort erinnert heute an eine Zeit, deren Schrecken bereits in Vergessenheit geraten angesichts neuer weltweiter Bedrohungen. Es wird erinnert an die Teilung der Welt in Ost und West, an die Teilung Europas, Deutschlands und Berlins. Es wird erinnert an die Konkurrenz und Konfrontation zweier Weltanschauungen und gesellschaftlicher Systeme, an das atomare Wettrüsten und die trotz aller Entspannung anhaltende Abschreckung mit der Androhung gegenseitiger Vernichtung. Es wird erinnert an gefährliche Konflikte wie die Kuba-Krise und den Bau der Berliner Mauer, an Nachrüstungsdebatte und NATO-Doppelbeschluss, an Friedensbewegung und Glasnost und nicht zuletzt an die Herbstrevolution 1989 mit der Folge der friedlichen Wiedervereinigung Deutschlands und Europas. So sehr der Regierungsbunker mit seinem Ziel, das Überleben der Regierung in einem Atomkrieg für vier bis fünf Wochen zu sichern, heute absurd erscheinen mag, hat er offenbar als Teil des Systems der gegenseitigen Abschreckung dazu beigetragen, über Jahrzehnte den Frieden in Europa zu sichern.

Mit dem Europa Nostra Award, dem Preis der Europäischen Union für das Kulturerbe, werden jedes Jahr herausragende Leistungen zur Erhaltung des Kulturerbes ausgezeichnet. Meinen widerstrebenden Pressereferenten („Die belobigen doch nur Schlösser und Kirchen") beauftragte ich mit einer Bewerbung um den Denkmalpreis im Namen des Eigentümers des Bunkerbauwerks, der Bundesimmobilienanstalt BIMA. Unter den mit einem Preis ausgezeichneten 28 Bewerbern aus 15 Ländern war 2009 nur ein

EU PRIZE FOR CULTURAL HERITAGE
Europa Nostra Award 2009

einziger aus Deutschland – die Dokumentationsstätte Regierungsbunker! Sie ist heute europäisches Kulturgut. Dr. Wilbert Herschbach, Vorsitzender des Heimatvereins „Alt-Ahrweiler" lud mich, den gerade aus dem Amt geschiedenen Pensionär, zur Preisverleihung ein. Sie fand in Taormina auf Sizilien statt. Eine spanische Herzogin überreichte den Preis in einer feierlichen Zeremonie im Rund des antiken griechischen Amphitheaters oberhalb der Stadt Taormina mit weitem Blick über das Mittelmeer. Im Hintergrund rauchte der Ätna.

Kapitel 17

DIE KNALLGRÜNEN POLSTER DES PALAIS BEAUHARNAIS

Ein Notruf der Kunsthistoriker aus dem Palais Beauharnais ist Anlass für eine Reise nach Paris. Die Gattin des neuen Botschafters mag die knallgrünen Polster der edlen Empire-Sitzmöbel nicht und hat Bezüge nach eigenem Geschmack bestellt: „Keine grünen Polster mehr!" Die beiden Kunsthistoriker sind ratlos: Ulrich Leben und Jörg Ebeling vom Deutschen Forum für Kunstgeschichte in Paris haben den Auftrag vom Auswärtigen Amt, das einmalige Empire-Interieur des Palais originalgetreu und denkmalgerecht zu inventarisieren und zu restaurieren.

Napoleons Rüge

Das Palais ist im Inneren wie im Äußeren ein außergewöhnliches Gesamtkunstwerk und ein bedeutendes Denkmal der Geschichte und Kunstgeschichte. Der Stiefsohn Napoleons Eugène Beauharnais erwarb das Haus 1803. Der letzte Eigentümer Duc de Villeroy war während der Französischen Revolution guillotiniert worden, das Haus geplündert und verwüstet. Eugène Beauharnais behielt die Außenarchitektur unverändert bei bis auf ein mächtiges ägyptisches Säulenportal zu Ehren der Ägyptenfeldzüge Napoleons. Eugènes Mutter, Kaiserin Josephine, ließ die Innenräume mithilfe des Architekten Nicolas Bataille von den besten Künstlern und Kunsthandwerkern im Stil des frühen Empire herrichten und luxuriös und elegant ausstatten.

Als der verschwenderische Aufwand Aufsehen erregt und auch Napoleon zu Ohren kommt, lässt dieser seinen

Polizeiminister Fouché nachforschen. Das Ergebnis ist ein böser Brief an seinen Stiefsohn: „Mein Sohn, Sie haben Ihre Geschäfte in Paris sehr schlecht geregelt, man hat mir eine Rechnung über 1.500.000 Franken für Ihr Haus vorgelegt; die Summe ist enorm. Die Herren Calmelet, Bataille und der kleine Bauunternehmer sind Betrüger, und ich

Palais Beauharnais Paris, Kamin

sehe, dass Sie alles so eingerichtet haben, dass es unmöglich ist, nicht viel zu zahlen, ich stelle das zu meinem Kummer fest; ich hätte Sie für ordentlicher gehalten. Man darf nichts ohne Voranschlag machen lassen, mit der Verpflichtung, den Voranschlag nicht zu überschreiten. Sie haben das genaue Gegenteil getan, der Architekt hat sich selber so viel zugemessen, wie er wollte; und so werden ungeheure Beträge zum Fenster hinausgeworfen. Wachen Sie mir besser als in diesem Fall über die Zivilausgaben in Italien, die Architekten gleichen sich überall. Napoleon." Auf Eugènes Antwort, die hohen Kosten seien seiner Abwesenheit von Paris geschuldet und die Sache sei mit seiner Mutter besprochen, teilt Napoleon verärgert mit, er habe die beiden Architekten „herausgeschmissen" und „die Arbeiten gestoppt".

Preußische Gesandtschaft mit Bauproblemen
Nach dem Einzug der Alliierten in Paris und der Abdankung Napoleons 1814 wählt König Friedrich Wilhelm III. von Preußen das Palais während seines Aufenthalts in der besetzten französischen Hauptstadt zu seiner Residenz. Da das Haus ihm gefällt, bestimmt er es zur neuen preußischen Gesandtschaft und lässt es recht günstig aus eigener Schatulle vom Prinzen Eugène erwerben. Doch das einst auf Schwemmland errichtete Palais zeigt bald große bauliche Schwächen, es gibt Setzungen und Risse in Decken und Wänden. Eine Untermauerung des Fundaments wird erforderlich und die Sicherung der Decken. Alexander von Humboldt, der jahrelang in Paris lebt und als Gelegenheitsdiplomat im Palais verkehrt, empfiehlt Jakob Ignaz Hittorf, den deutsch-französischen Architekten und Erbauer des Pariser Gare du Nord, als Baubetreuer. Unter ihm erfolgen unter Beachtung der wertvollen Innenausstattung bauliche Anpassungen und regelmäßige

Unterhaltungsarbeiten. Doch es treten immer neue Schäden auf und für eine gründliche Sanierung gibt es kein Geld. Als Otto von Bismarck 1862 für wenige Monate als Gesandter das Palais bewohnt, lobt er zwar den Garten mit Blick auf die Seine und die Tuilerien, doch bezeichnet er das Haus in Briefen als „durchweg baufällig". Es „riecht dumpfig und kloakig" und die Zimmer sind „Hundelöcher". Es mag in den drastischen Worten auch Unmut mitschwingen, denn Bismarck sieht sich in Paris am falschen Platz.

Die deutsch-französischen Spannungen der nächsten Jahrzehnte sind Reparaturarbeiten nicht förderlich. Erst um die Jahrhundertwende wird das Palais als kaiserliche Botschaft gründlich überholt. Damals warnen die Architekten, ein nochmaliger Verfall werde den „endgültigen Untergang eines großen künstlerischen Wertes bedeuten". Die Warnung ist vergeblich. Als nach zwei Weltkriegen de Gaulle 1961 der Bundesrepublik das 1944 enteignete Gebäude in einer großen Geste schenkt, ist es nach dem Urteil der Baufachleute eigentlich abbruchreif. Doch seit 1951 steht das Palais Beauharnais unter staatlichem Denkmalschutz.

Sanierung als deutsche Botschaftsresidenz

Unter Aufsicht der Bundesbaudirektion erfolgt 1964 endlich die seit langem notwendige Grundsanierung. Der gesamte Baugrund unter dem Palais wird im chemischen Einspritzverfahren versteinert, Stahlbetondecken werden eingezogen und das zweite und dritte Obergeschoss umgestaltet für die privaten Wohnräume des Botschafters, das Kanzlerappartement und Gästewohnungen. Die Inneneinrichtung im Empire bleibt erhalten. Ab 1998 werden erneut Sanierungsmaßnahmen fällig, jetzt durch das Bundesamt für Bauwesen und Raumordnung durchgeführt. In einem ersten Bauabschnitt werden zum Schutz der Innenausstattung die alten Leitungen von innen gereinigt und mit Epoxydharz beschichtet. So entstehen, ohne die Wände zu öffnen, aus alten Kupfer- und Stahlleitungen neue dichte Kunststoffleitungen. Der Brandschutz erfordert neue Elektroleitungen, die ebenfalls ohne Öffnung der Wände in vorhandenen Kanälen nachgezogen werden. In einem zweiten Bauabschnitt werden die Technikzentrale, die Überwachungs- und Alarmanlage erneuert sowie die Großküche.

Der Garten des Palais

Eines Tages berichtet mir Klaus-Henning von Krosigk, Berliner Gartenbaudirektor und Stellvertretender Landeskonservator, der als Gartendenkmalpfleger die Geschichte des Gartens des Palais erforscht, begeistert von einem überraschenden Fund. Er hat auf seinem Dachboden in Berlin beim Kramen in dem alten Koffer eines Vorfahren einen kolorierten Kupferstich gefunden. Er zeigt um 1830 einen Blick aus dem Garten des Palais Beauharnais über die Seine auf Tuilerien und Louvre. Zusammen mit einer kolorierten Bestandszeichnung aus der Zeit des Verkaufs an den König von Preußen entsteht ein Bild des Gartens zur Zeit des Empire. Bereits um 1900 im Zeitgeschmack verändert, dann erneut um 1960 in neobarocker Manier – ein Brunnen in der Mitte eines exakten Kreuzes aus Gartenwegen –, ist jetzt das Ziel die Wiedergewinnung eines stilistisch einheitlichen Gesamtkunstwerks des Empire aus Haus und Garten.

Vermutlich war es der schottische Landschaftsarchitekt Thomas Blaikie, der im Auftrag der Kaiserin Josephine bereits bei der Erneuerung des Schlosses Malmaison als Gartenarchitekt tätig war, der den Hausgarten des Palais Beauharnais nach dem englischen Vorbild eines Pleasure Grounds umgestaltete. Er erlöste ihn aus der strengen barocken Symmetrie und verwandelte ihn im Geiste der neuen revolutionären Freiheit in

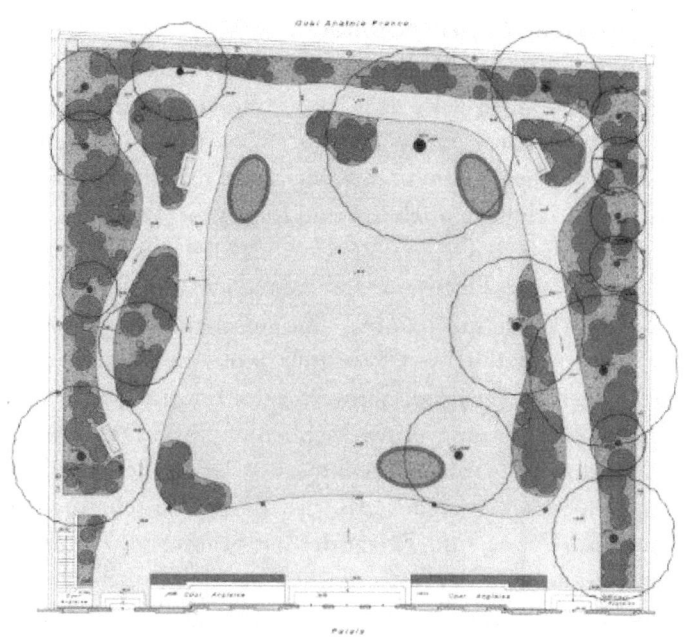

Entwurfsplan für die Rekonstruktion des Gartens am Palais Beauharnais von Klaus-Henning von Krosigk

einen Landschaftsgarten. Von Krosigk schildert den historischen Garten: „Landschaftliche Wege erschließen ihn, führen zu drei aussichtsreichen Exedren, zu schönen Zierstrauchpflanzungen, zahlreichen Blumen- und Rosenbeeten sowie seltenen Bäumen wie einer noch heute erhaltenen Paulownia tomentosa." Regionalbauleiter Gerhard Rühm, unter dessen aufmerksamer Leitung die Sanierung des Gebäudes erfolgt, gelingt es durch sorgfältige Kostenverfolgung, aus dem Baubudget noch ausreichende Mittel zu erwirtschaften, so dass die Sanierung und Neugestaltung des Gartens nach historischem Vorbild verwirklicht werden kann. Zur Feier des fertigen Gartens kommen Gartendenkmalpfleger aus ganz Europa.

Empiredekor und Mobiliar

Fritjof von Nordenskjöld nimmt sich von 2000 bis 2004 als Botschafter in Paris nach Haus und Garten die Innenausstattung vor. Er fragt bei mir an, ob ich einen Kunsthistoriker empfehlen könne, der sich mit dem Empire auskennt. Ich höre mich um und frage Prof. Dr. Hans Ottomeyer, damals Generaldirektor des Deutschen Historischen Museums in Berlin. „Ich kenne jemand", antwortet er, „mich!" Von ihm stammte eine aufsehenerregende Ausstellung des Münchner Stadtmuseums über das Biedermeier, der bürgerlichen Schwester des Empire. Auf Empfehlung von Ottomeyer wird schließlich Prof. Dr. Thomas W. Gaehtgens, damals Direktor des Deutschen Forums für Kunstgeschichte in Paris, mit der wissenschaftlichen Inventarisierung und Restaurierung beauftragt. Gemeinsam mit seinen Institutsmitarbeitern Ulrich Leben und Jörg Ebeling legt er 2002 ein gründlich erarbeitetes wissenschaftliches Inventar vor. Es bestätigt, dass es nur wenige Beispiele eines reinen Empiredekors in dieser Qualität gibt, dass aber die 200-jährige Geschichte des

Palais Beauharnais Paris, Grüner Salon

Hauses auch Spuren hinterlassen hat. Der glückliche Fund eines bislang unbekannten Inventars aus dem Jahr 1817, erstellt anlässlich des Verkaufs des Hauses an den preußischen König, gibt ein genaues Bild der aufwendigen Möblierung und farbenprächtigen textilen Originalausstattung aus der Zeit Prinz Eugènes und erlaubt den Vergleich mit dem heutigen Zustand. Gaehtgens trifft die wichtige Feststellung, dass die „Bewohner

Palais Beauharnais Paris, grüner Polstersessel

des Palais zu allen Zeiten die einzigartige Qualität der Kunstgegenstände erkannt und respektiert" haben. Auch aus Geldmangel wurde nur wenig verändert und wenn, dann nur über lange Zeiträume. Auffallend ist die Verteilung der Sitzmöbel aus den ursprünglichen Sitzgruppen über das ganze Haus mit unterschiedlicher Polsterung. Auch „der heute vorhandene pastellfarbene Ton der Vorhänge und Möbelbezüge entspricht nicht mehr den ursprünglichen kräftigen Farbkontrasten des Premier Empire". Gaethgens entwickelt mit seinen Mitarbeitern ein Konzept, das „dem historischen einmaligen Charakter des Gebäudes und seiner Ausstattung sowie den protokollarischen Bedürfnissen gerecht" wird. Dabei „bedarf der Grüne Salon im Erdgeschoss", der „auch heute noch die Funktion eines Empfangssalons einnimmt, einer besonderen Beachtung". Die Sitzmöbel sollen, so der Kunsthistoriker, „auf der Grundlage aufgefundener Dokumente aus der Zeit des Empire wieder mit einem grün gestreiften

Seidendamast ‚Gourgouran' bezogen werden", der „in seiner lebhaften Farbigkeit in einem wirkungsvollen Kontrast zu den weiß gefassten Holzgestellen der Sitzmöbel" steht.

In diesem Sinne wird schließlich auch an einem runden Tisch der Botschaftsresidenz im Stil der Diplomatie und des Empire der Streit um die knallgrünen Sitzpolster gelöst.

Kapitel 18

AUS ZWEI MACH EINS
Die neue Botschaft in Mexiko

*"Sehr verehrte Frau Außenministerin Espinosa,
an der Spitze der deutschen Bestsellerliste steht zurzeit ein Roman über das Leben Alexander von Humboldts und seine abenteuerlichen Forschungsreisen, die er um 1800 am Amazonas und durch Mexiko unternahm.
In Berlin gegenüber dem Auswärtigen Amt, der Mutter aller deutschen Botschaften, planen wir in der Gestalt des barocken Berliner Stadtschlosses das Humboldt Forum: ein großes Museum und Forum für die außereuropäischen Kulturen der Welt, nicht zuletzt Lateinamerikas.
Sie haben während Ihrer Schulzeit in Mexiko-Stadt das Colegio Alemán Alexander von Humboldt besucht. Es ist uns eine besondere Ehre und Freude, dass Sie heute gemeinsam mit unserem Außenminister Dr. Steinmeier die Plakette zum Humboldt-Saal der neuen deutschen Botschaft enthüllen."*

Am 17. April 2007 darf ich in Mexiko-Stadt die mexikanische Außenministerin begrüßen und dem deutschen Außenminister die Schlüssel zur neuen deutschen Botschaft an der Avenida Horacio überreichen – am bisherigen Standort der DDR-Botschaft, die jetzt einem größeren und auch schöneren Neubau Platz gemacht hat. Es ist die Wiedervereinigung Deutschlands, die wie fast überall auf der Welt auch hier in der Hauptstadt Mexikos eine Neuordnung der Liegenschaften beider deutscher Staaten möglich macht. Neben dem Umzug von Parlament und Regierung von Bonn nach Berlin ergibt sich aus der Wiedervereinigung diplomatischer und kultureller deutscher Auslandsliegenschaften die zweite große, wenn auch weit weniger öffentliche Aufgabe mit einer Vielzahl anspruchsvoller Bauten.

Wie deutsch muss eine deutsche Botschaft sein?

Der Architekt der Botschaftskanzlei, der Berliner Volker Staab, gehört zu einer neuen Generation deutscher Architekten, die – das internationale Einerlei vermeidend – die klassische Moderne phantasievoll weiterentwickelt. „Wie deutsch muss eine deutsche Botschaft sein?", fragte sich der Architekt. Schnell kommen ihm „Klischees wie Rationalität, funktionale, technische und handwerkliche Präzision in den Sinn". Es gibt aber „eine Eigenart europäischer Bautradition, die uns vielleicht am meisten von heutiger amerikanischer oder mexikanischer Bautradition unterscheidet: die Kontextbezogenheit". In Mexiko stellt er sich der Eigenart des Ortes und der Aufgabe, indem er ein spanisch-lateinamerikanisches Thema aufgreift, die Gruppierung aller Räume des Hauses um Innenhöfe. Es gibt den „Steinernen Eingangshof", wo Orangenbäume Schatten spenden, den „Hof des Wassers" mit einem kühlenden Wasserbecken und den „Verwunschenen Garten" mit üppigen Pflanzen. Das zentra-

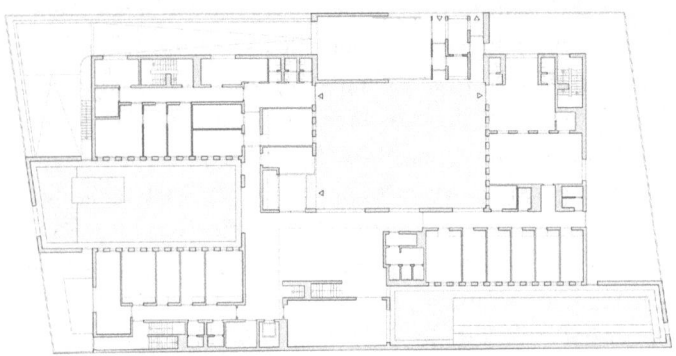

Deutsche Botschaftskanzlei Mexiko, Grundriss EG mit Innenhöfen

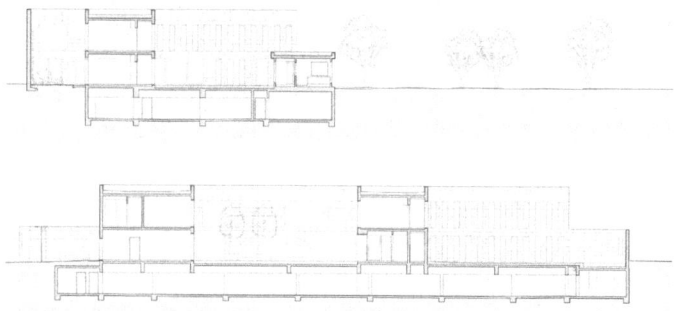

Deutsche Botschaftskanzlei Mexiko, Schnitt – Architekt Volker Staab, Berlin

le Foyer, das durch große Glastüren reizvolle Ausblicke in diese drei Höfe erlaubt, bietet eine gute Orientierung in dem klar gegliederten zweigeschossigen Haus. Hell und freundlich wirken der sandfarbene Naturstein und die hölzernen Böden und Möbel. Die Berliner Künstlerin Renate Wolff hat, inspiriert vom Gold der Azteken und der üppigen Pflanzenwelt Mexikos, Decken und Wände des Foyers farbenfroh verwandelt mit breiten goldenen Bändern und übergroßen Pflanzenornamenten heimischer deutscher Vegetation: Birne, Eiche, Löwenzahn und Apfel. Die Ausrichtung des Gebäudes nach innen bietet Diskretion und Sicherheit. Das Außenbild wird geprägt durch ein Gewand aus einheimischem rotbraunem Lavastein. Es unterscheidet die Botschaft als diplomatische Repräsentanz erkennbar von üblichen Bürobauten.

Aus Alt mach Neu

Eine neue Botschaft war dringend notwendig geworden. Die bisherige Repräsentanz der Bundesrepublik in Mexiko-Stadt unweit des neuen Standorts war räumlich ungenügend untergebracht in einem wenig ansehnlichen zweigeschossigen Bau, eingeklemmt zwischen den Brandwänden zweier Hochhäuser. Mit einem ersten Botschaftsentwurf am alten Standort in Gestalt eines Hochhauses zwischen den beiden Nachbarhochhäusern hatten wir auf die mögliche hohe Ausnutzung des Grundstücks und dessen Immobilienwert aufmerksam gemacht. Um ihn zu realisieren, sei es durch Eigenbau oder Verkauf, hätte es nur eines Gangs zum Stadtplanungsamt der Stadt Mexiko bedurft und dessen planungsrechtlicher schriftlicher Bestätigung des Baurechts für ein Hochhaus in Höhe der Nachbargebäude. Doch blieben über Jahre unsere mehrfach geäußerten Hinweise und Empfehlungen ungehört. Erst als der neue Botschafter Wolf-Ruthart Born 1999 den Botschafterposten in Mexiko antrat, fanden wir ein offenes Ohr. Er ließ sich das Hochhaus-Baurecht amtlich bestätigen. Entsprechend hoch kletterte der Wert des Grundstücks in dem prominenten Stadtteil: So konnte allein aus dem Verkaufserlös des alten Botschaftsgrundstücks der über sechs Millionen Euro teure Bau der neuen deutschen Botschaft finanziert werden!

Kapitel 19

DIE UNSICHTBARE SCHLÜSSELÜBERGABE IM NEUEN MUSEUM

Das vereinigte Bundesamt für Bauwesen und Raumordnung sollte sich, vergleichbar dem Bundesumweltamt, als eigenständige Fachbehörde profilieren in Fragen des staatlichen Bauens, der Baukultur, der Stadtentwicklung und Raumordnung. So hatte es mir Bundesbauminister Klaus Töpfer mit auf den Weg gegeben. In diesem Sinne hatte ich als ersten Schritt 1998 das Jahrbuch *Bau+Raum* gegründet. Es berichtet jährlich in einer bebilderten Leistungsschau über die Bauten des Bundes in Berlin, Bonn und im Ausland, über Architektur- und Kunstwettbewerbe, über Forschungen in Stadtentwicklung und Raumordnung. Gastbeiträge zu Themenschwerpunkten bereichern das eigene Spektrum. Das Jahrbuch ist mittlerweile zu einer öffentlich beachteten Institution geworden, als Dokumentation des staatlichen Bauens und als wissenschaftliches Forum zu Baukultur, Städtebau und Raumforschung. Fachkonferenzen unterstützten den Anspruch einer eigenständigen diskursfähigen Fachbehörde.

Schreib – und Sprechverbote

Diese fachliche Eigenständigkeit wird infrage gestellt, als mit dem Amtsantritt von Bundesbauminister Wolfgang Tiefensee dessen Staatssekretär andere Ziele verfolgt. Die öffentliche Aufmerksamkeit des Jahrbuchs *Bau+Raum* soll jetzt dem politischen und fachlichen Ansehen des Ministers dienen. Das Jahrbuch 2007/08 wird nicht mehr durch den Präsidenten der Fachbehörde als Herausgeber eingeleitet, sondern durch ein Vorwort des Ministers, gefolgt von politischen Verlautbarungen des Staatssekretärs. Da ab jetzt Beiträge des BBR-Präsidenten dem Ministerium zur Zensur vorzulegen sind, sucht dieser Asyl auf dem unzensierten Klappentext des Jahrbuchs.

Als Senatsbaudirektor Hans Stimmann 2006 zu einem Schloss-Symposium einlädt – der Bundestag hatte entsprechend der Empfehlung einer internationalen Expertenkommission den Wiederaufbau des Berliner Barockschlosses als Humboldt Forum beschlossen –, wird dem Präsidenten durch den Staatssekretär, einem erklärten Gegner des Schlosswiederaufbaus, die Teilnahme verwehrt. Erst in der Urlaubsabwesenheit des Staatssekretärs erteilt Abteilungsleiter Michael Halstenberg die Teilnahmeerlaubnis, mit einer Auflage: Ich darf mich auf dem Schloss-Symposium nicht zum Schloss äußern. So spreche ich über die „Unfähigkeit zu erinnern".

Eklat um Schlüsselübergabe

Der Ehrgeiz des Staatssekretärs, seinen Minister ins öffentliche Licht zu rücken, führt zum Konflikt mit Kulturstaatsminister Bernd Neumann und der Stiftung Preußischer Kulturbesitz. Das BBR ist in Organleihe Bauverwaltung auch der Stiftung Preußischer Kulturbesitz. Das Bauministerium ist zwar Fachaufsicht des BBR, die Ressortverantwortung aber für die mit Bundesmitteln finanzierten Kulturbauten der Preußenstiftung liegt beim Kulturstaatsminister im Bundeskanzleramt. Dennoch drängt der Staatssekretär seinen Minister auf die öffentliche Bühne der Museumsinsel. Die Preußenstiftung hat Vorbereitungen für die feierliche Schlüsselübergabe des Neuen Museums getroffen, die Einladungen sind gedruckt. An der Seite des Kulturstaatsministers erhält auch der protokollarisch ranghöhere, wenn auch nicht zuständige Bauminister einen Ehrenplatz. Den Schlüs-

Eklat vor Feier für das Neue Museum

Bauministerium maßregelt BBR-Präsident Mausbach

Die für heute geplante feierliche Schlüsselübergabe für das restaurierte Neue Museum wird von einer peinlichen Personalentscheidung überschattet. Auf Druck des Bundesbauministeriums darf der Präsident des Bundesamtes für Bauwesen und Raumordnung (BBR), Florian Mausbach, nicht wie ursprünglich geplant den Schlüssel an die künftigen Nutzer übergeben. Diesen Part soll Bauminister Wolfgang Tiefensee (SPD) übernehmen. Bau-Staatssekretär Engelbert Lütke Daldrup vertritt Mausbach zuvor auf der Pressekonferenz. Wie es heißt, soll Mausbach auferlegt worden sein, auch nicht auf das offizielle Pressefoto zu kommen. „Es ist Wahljahr", kommentierte ein Insider den personellen Andrang des Bauministeriums bei der Feier.

Mausbachs Behörde hatte das Museum für die Stiftung Preußischer Kulturbesitz sanieren lassen – qua Amt hätte ihm ein Platz auf dem Podium zugestanden. Die Stiftung hatte Mausbach in einer Einladung sogar schon für die Schlüsselübergabe angekündigt. Dass Mausbach jetzt keine aktive Rolle spielt, ist für ihn persönlich bedauerlich: Am 31. Mai dieses Jahres endet seine 14-jährige Amtszeit an der Spitze des Amtes. Mausbach hat die Altersgrenze erreicht. Die Sanierung des Neuen Museums hat er zehn Jahre lang begleitet. Die Schlüsselübergabe wäre der krönende Abschluss seiner Arbeit gewesen.

Andere Institutionen wissen Mausbach mehr zu schätzen. Die Deutsche Nationalstiftung zeichnete ihn im vergangenen Jahr wegen seines Engagements für das Freiheits- und Einheitsdenkmal mit dem Nationalpreis aus. *(ulp.)*

sel soll, wie es Tradition ist, der Präsident des für den Bau verantwortlichen Bundesamtes überreichen. So steht es auf der bereits versandten Einladung an die Festgesellschaft.

Da erreicht das Büro des Präsidenten eine seltsame E-Mail aus der Presseabteilung des Bauministeriums: „Bei der Überreichung des Schlüssels soll der Präsident unsichtbar bleiben." Wie soll das gehen? Mit einer Tarnkappe? Der Pressereferent des Präsidenten mailt zurück mit der Bitte um nähere Erläuterung. Die lässt auf sich warten. Am Ende lautet die Anweisung des Staatssekretärs: Die Schüsselübergabe solle nicht durch den Präsidenten erfolgen. Die benachrichtige Protokollabteilung der Preußenstiftung zeigt sich verwirrt und verärgert. Verwirrt, weil unklar, wer den Schlüssel überreichen soll. Der Staatssekretär selbst? Und verärgert über die Einmischung in die Angelegenheit der Stiftung.

Am Morgen der feierlichen Übergabe des Neuen Museums durch das Bun-

Berliner Zeitung, 5. März 2009

desamt an die Stiftung Preußischer Kulturbesitz erscheinen am 5. März 2009 im *Tagesspiegel* und der *Berliner Zeitung* Artikel wie „Eklat vor Feier für das Neue Museum – Bauministerium maßregelt BBR-Präsident Mausbach". In der erwartungsvollen Festgesellschaft rumort es. Ich sitze mit meiner Frau in der ersten Reihe und harre der Dinge. Abteilungsleiter Halstenberg erscheint: „Der Minister möchte Sie sprechen." Minister Tiefensee: „Herr Mausbach, Sie überreichen selbstverständlich gleich den Schlüssel." „Sie werden verstehen, Herr Minister, dass ich nach dieser Vorgeschichte gern darauf verzichten möchte." „Sie müssen wissen, was Sie tun."

Das aus der Kriegsruine auferstandene und von David Chipperfield wiederbelebte und zeitgemäß ergänzte Neue Museum Friedrich August Stülers findet höchstes Lob in allen Festreden. Auch die Tatsache, dass trotz der außergewöhnlichen Anforderungen an die technische und denkmalpflegerische Sanierung und Erneuerung der mächtigen historischen Ruine die bewilligten Kosten nicht nur eingehalten, sondern sogar unterschritten wurden. Kulturstaatsminister Neumann lässt es sich nicht nehmen, gegenüber dem Bauminister auch das Bundesamt in höchsten Tönen zu loben. Nun soll der Schlüssel übergeben werden. Es wird still im Saal. Der große symbolische Schlüssel ist nicht da. Niemand, der ihn überreicht. Wo ist der Staatssekretär? Da springt David Chipperfield ein, nestelt an seinem Schlüsselbund und überreicht dem Präsidenten der Stiftung seinen Kellerschlüssel.

Kapitel 20

DER INVALIDE AN DER INVALIDENSTRASSE

Das Bundesverkehrsministerium

„Bleiben Sie der Baustelle fern. Beschränken Sie sich auf Ihre Bauherrenfunktion. Die Verantwortung für den Bau haben Generalplaner und Generalunternehmer." Das ist die Antwort des Unterabteilungsleiters im Bauministerium Prof. E. auf meine Schilderung der personellen Unterbesetzung und wachsenden Bauprobleme auf der Großbaustelle des Verkehrs- und Bauministeriums an der Invalidenstraße.

Die Umorganisation der Bundesbaubehörde seit Mitte der 1990er Jahre zur „Bauherrenverwaltung" bedeutet Verzicht auf eigene Planung und Bauleitung und Beschränkung auf das Baumanagement. Die Privatisierung von Planung und Baudurchführung durch die Vergabe an freischaffende Architektur- und Ingenieurbüros hat einen stetigen Personalabbau zur Folge. Zugleich aber wächst seit der Wiedervereinigung die Zahl anspruchsvoller Bauaufgaben im In- und Ausland. Personelle Engpässe und Kompetenzverlust sind die Folge, die sich beim ministeriellen Großbau in den Jahren 1996–2000 an der Invalidenstraße zuspitzen.

Historischer Altbau und Neubau am Invalidenpark

Es ist eine doppelte Aufgabe: die Erneuerung des historischen Altbaus der ehemaligen Preußischen Geologischen Landesanstalt und Bergakademie zu einem zeitgemäßen Verkehrs- und Bauministerium und dessen Erweiterung durch einen Neubau. Die ehemalige Bergakademie, seit 1878 in der Invalidenstraße 44, ist heute mit dem benachbarten Naturkundemuseum und der einstigen Landwirtschaftsschule

Teil einer denkmalgeschützten Gesamtanlage, errichtet vom preußischen Baubeamten August Tiede im Stil der Neo-Renaissance. Der Altbau, gerahmt von Eckbauten, mit über drei Geschosse gereihten Rundbogenfenstern, strahlt mit seiner hellen Sandsteinfassade und nur zeichenhaftem Renaissance-Dekor eine gelassene Würde aus. Im Innern überrascht ein großartiger, von Glas überdachter Lichthof mit zweigeschossig umlaufenden Arkaden. Sie waren seit dem Krieg zugemauert. Jetzt sind sie wieder geöffnet.

Max Dudlers Erweiterungsbau am Invalidenpark ist ein starkes Stück Stadt. Leicht verschwenkt, macht der sechsgeschossige Würfel aus Naturstein in der Höhe des Altbaus aus Alt und Neu eine gelenkig verbundene Doppelanlage. Vom repräsentativen Altbau unterscheidet ihn das Graugrün des Natursteins und auch das flächige Raster gleicher Fenster eines sachlichen modernen Bürobaus. Doch nicht irgendeines – Rahmen und Sockel aus Stein und strenge Geometrie verleihen dem Bürohaus ministerielle Autorität. Es sind diese Haltung und seine äußere und innere Struktur, die den Neubau mit dem Altbau verbinden. So folgt Dudler dem Altbau auch in der Gestaltung eines von Arkaden umstellten Lichthofs, in die er wie Häuser auf einem Platz drei verschieden große Konferenzräume stellt.

Dreieinhalb Mitarbeiter

Wie aber sollen Altbau-Erneuerung und neuer Erweiterungsbau mit einer unterbesetzten Mannschaft bewältigt werden? Zeitweilig sind es nur „dreieinhalb Mitarbeiter", wie Gerhard Zodtner, Leiter unserer Berliner Bauabteilung, sarkastisch bemerkt. Der von der Personalabteilung entsandte neue Projektleiter hat keine Bauerfahrung, nur Verwaltungskenntnisse, der „halbe" Mitarbeiter hat Alkoholprobleme, zwei sind immerhin Bauleute mit praktischer Erfahrung. Um nach

dem Rechten zu sehen, besuche ich das Baubüro an der Invalidenstraße. Der Projektleiter, um einen Bericht gebeten, beginnt stammelnd, dann zusehends verwirrter zu reden, so dass ich ihn beunruhigt zu einem Gespräch unter vier Augen herausbitte. Besorgt rate ich ihm, sofort zum Arzt zu gehen. Doch es ist bereits zu spät. Schwer erkrankt, hat er nur noch wenige Wochen zu leben.

Während der Altbau nach Mängelbeseitigung und Verzögerungen dem Ministerium übergeben werden kann, kommt es beim Erweiterungsbau zu katastrophalen Baumängeln. Es ist zuerst die als besonders innovativ geplante Klimafassade, die scheitert und unter Abnahme der Natursteinverkleidung aufwendig erneuert werden muss. Bei der Mängelbeseitigung im Innern ist es nicht besser, wie ich mich selbst überzeuge und dem Ministerium berichte: Bei jeder Öffnung der Konstruktion werden neue Mängel sichtbar. Am Ende ist eine Sanierung des gerade erst fertiggestellten Erweiterungsbaus unumgänglich.

Als Michael Halstenberg, zu der Zeit Bauabteilungsleiter im Bauministerium, im Bundestag Rede und Antwort stehen muss, macht er deutlich, dass die von der Politik ohne Rücksicht auf die Jahrhundertaufgabe des Regierungsumzugs vorangetriebene Privatisierung von Leistungen der Bauverwaltung mit ihrem drastischen Personalabbau und Kompetenzverlust ernste Folgen hat. Quod erat demonstrandum am Invaliden an der Invalidenstraße.

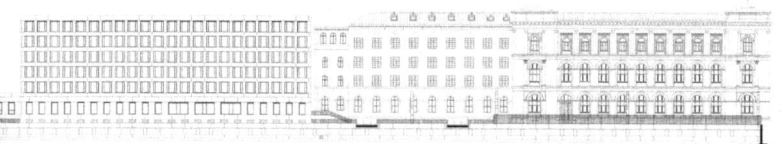

Bundesverkehrsministerium, Ansicht Invalidenstraße

Kapitel 21

DIE SCHATZKAMMER DES WISSENS
Staatsbibliothek Unter den Linden

Das erste Richtfest, das wir 1995 in der Staatsbibliothek Unter den Linden feierten, war ungewöhnlich. Es fand im Keller statt. Das gewaltige Bauwerk war im schlammigen Untergrund – der Name „Berlin" entstammt dem Slawischen und bedeutet „Ort im Sumpf" – auf Holzpfählen gebaut, die durch Absenkungen des Grundwassers trocken und morsch geworden waren. Um sie zu ersetzen und eine feste und dauerhafte Gründungssohle zu schaffen, waren 500 Betonpfähle in der Tiefe verankert, war der Untergrund durch 3.000 Bohrungen mit Beton verfestigt worden. Damit war der Grund gelegt für die Sanierung und Erneuerung eines der bedeutendsten Bauwerke Berlins.

Eine Staatsbibliothek in zwei Häusern

Die Staatsbibliothek zu Berlin ist heute die größte Universalbibliothek Deutschlands. Sie bietet ihre wertvollen Sammlungen aus Büchern und Handschriften in zwei Häusern an, die neuzeitlichen Bestände in der Staatsbibliothek am Kulturforum, die historischen Bestände in der Staatsbibliothek Unter den Linden. Nach dem Bau der Berliner Mauer wurde im Westteil der Stadt von 1967 bis 1978 nach Plänen Hans Scharouns die moderne Bibliothek in einer frei gestalteten offenen Leselandschaft errichtet. Die Staatsbibliothek Unter den Linden entstand als größtes historisches Gebäude in Berlins Mitte nach Plänen des Hofarchitekten Ernst von Ihne von 1903 bis 1914. Der prächtige neobarocke Repräsentationsbau öffnet sich dem Besucher

Staatsbibliothek Unter den Linden, vor dem Krieg – Hofarchitekt Ernst von Ihne, 1914

in einer dramatisch inszenierten Raumfolge, deren Höhepunkt einst der monumentale Kuppellesesaal war. Er wurde im Zweiten Weltkrieg durch Bomben zerstört, seine Reste abgerissen und in den achtziger Jahren des letzten Jahrhunderts durch vier Getreidesilos aus Beton ersetzt, die als Büchersilos dienten. Die vier äußeren Geschosse im wilhelminischen Historienkostüm umhüllen eine Konstruktion, die zur Zeit ihrer Entstehung eine technische Meisterleistung war, das selbsttragende Lipmansche Regalsystem, ein bis zu 16 Geschosse hohes stählernes Bücherregal.

Es ist der Einigungsvertrag von 1990, der die durch die Nachkriegsereignisse getrennten Teile der ehemals staatlichen preußischen Sammlungen in Berlin unter dem Dach der Stiftung Preußischer Kulturbesitz wieder zusammenführt. Als aber die Bundesbaudirektion Mitte der neunziger Jahre daran geht, den Wiederaufbau der Staatsbibliothek ins Werk zu setzen, da gebietet der Bundesrechnungshof Einhalt und stellt die Notwendigkeit und weitere Existenz des Hauses Unter den Linden infrage.

„Eins ist zwei weniger eins"

Die „Freunde der Staatsbibliothek" und die „Historische Kommission zu Berlin" sind empört. Ein Kolloquium am 11. Juni 1996 im Festsaal der Staatsbibliothek Unter den Linden macht die historische und künftige Bedeutung der wissenschaftlichen Forschungsstätte und des Bauwerks deutlich. Und wie soll ein Bauwerk, das im Kern ein riesiges Bücherregal ist, auch anders genutzt werden als zu seiner Bestimmung? Um einen baulichen Zustandsbericht gebeten, eröffne ich mit einem Märchen:

„Es war einmal ein ehrgeiziger König. Der ließ seinen Hofarchitekten rufen und zeigte ihm ein großes Grundstück in der Nähe seines Schlosses. ‚Baue mir hier', sprach der König, ‚in der Mitte der Hauptstadt eine große Schatzkammer, in der das Wissen des ganzen Reiches gesammelt werde.' Und so errichtete der Hofarchitekt einen Palast der Wissenschaft, so groß, wie ihn die Welt kaum gesehen hatte.

Von der Feststraße des Reiches trat man ein durch einen Säulenportikus und eine Torhalle in einen efeuberankten Brunnenhof.

Eine breite Freitreppe unter einem Tonnengewölbe führte hinauf zu einem prächtigen Vestibül.

Hier öffnete sich dem sprachlosen Besucher eine große Schwingtür zum Mittelpunkt und Höhepunkt des Palastes, dem gewaltigen Rund des Kuppellesesaals, der auf acht mächtigen Pfeilern ruhte.

Doch der Ehrgeiz des Königs brachte Unfrieden über das Land und seine Nachbarn. Und noch größeres Unheil folgte. Erst brannten Bücher, dann Menschen.

Am Ende war auch die Schatzkammer des Geistes zerstört und die große Kuppel eingestürzt.

Das Reich wurde zerteilt und die Hauptstadt durch eine hohe Mauer in zwei Hälften getrennt. Leid und Unheil hatten die Menschen erschüttert und in beiden Teilen des Landes den Wunsch geweckt, aus den Ruinen eine bessere Welt aufzubauen.

Die Schätze des Wissens waren in alle Winde zerstreut. Sie wurden nun gesondert in West und Ost gesammelt. Die Schatzhüter im Osten richteten Teile des Palastes notdürftig wieder her. Im Westen, auf der anderen Seite der Mauer, wurde eine neue Schatzkammer des Wissens errichtet durch die Hand eines berühmten Zeltbaumeisters.

Als Gott sah, wie die Menschen sich um Besserung mühten, war er gerührt. Ein Wunder geschah. Die trennende Mauer wurde niedergerissen und die Menschen aus Ost und West umarmten sich. Auch die Hüter der Schatzhäuser des Wissens. Sie gelobten, die Schätze der Weisheit fortan gemeinsam zu sammeln und in beiden Schatzkammern sicher aufzubewahren. Eins und eins ist eins, hieß das Gelöbnis. Und man machte sich gemeinsam ans Werk. So schien alles ein gutes Ende zu finden.

Doch als man daranging, den alten Palast des Wissens wiederaufzubauen, traten Zauderer auf und Zauberer. Ein Zauberer und Rechenkünstler hob mahnend den Finger und sprach: ‚Eins und eins ist zwei. Und eins ist zwei weniger eins.' Und er schwang seinen Zauber- und Rechenstab und wollte mit seinem Zauberspruch den alten Wissenspalast vom Erdboden vertilgen. Da aber erhoben sich alle Schatzhüter des Wissens in Ost und West, in Nord und Süd und versammelten sich im großen Festsaal des Palastes der Weisheit. Und sie stellten allesamt die Frage: Soll das Märchen so enden?"

Größer als der Reichstag

Das Märchen hat ein gutes Ende gefunden. Die historische Staatsbibliothek ist ein gewaltiger Bau, in der Baufluchtder Linden weniger präsent, aber größer als der freistehende Reichstag. Gewaltig und schwierig war auch die Bauaufgabe, architektonisch, technisch und logistisch: Bau und Großbaustelle befinden sich auf engstem Raum zwischen Universitätsstraße, Dorotheenstraße, Charlottenstraße und dem Boulevard Unter den Linden, die Sanierung des Altbaus und der Neubau der unterirdischen Tresormagazine und des überirdischen Lesesaals erfolgten bei laufendem Betrieb der Staatsbibliothek! Jeder Baulärm störte die Bibliotheksruhe. So wurden die Betonsilos in dünnen Scheiben abgetragen wie mit einer Brotmaschine geschnitten. Für die Baugrube des Lesesaals – 60 Meter lang, 57 Meter breit und 8,50 Meter tief – wurden 26.000 Kubikmeter Erde ausgehoben. Von der Grundsteinlegung 2006 bis zum Richtfest des Großen Lesesaals 2009 wurden 17.500 Kubikmeter Beton vor Ort gegossen und 3.600 Tonnen Stahlbewehrung verarbeitet. Für den Lesesaal wurden 400 Stahlbetonfertigteile mit einem Gesamtgewicht von 2.000 Tonnen verbaut. Nach dem Richtfest begann mit einem Gesamtgewicht von 1.500 Tonnen die Montage des zweischaligen Glaskubus auf einer Stahlkonstruktion.

2011 ist der neue Lesesaal fertig. Die Rauminszenierung steigert sich wieder zum Höhepunkt des Hauses, wo der Große Lesesaal in der digitalen Welt von heute das Buch feiert. Der Architekt H.G. Merz hat ihn mit hohen Bücherwänden umgeben und ihn anstelle der historischen Kuppel, die Teil der historischen Kuppellandschaft der Berliner Mitte war, mit einem durchscheinenden gläsernen Kubus gekrönt, Tageslicht spendend und nachts weithin leuchtend. So wird dem wilhelminischen Bau ein aufklärerisches Licht aufgesetzt.

2019 wird der Schlüssel übergeben, 2020 das Gebäude als Ganzes der Öffentlichkeit. Bücher und Handschriften haben wieder einen sicheren und ihre Leser einen ungestörten Ort für Forschung und Lektüre. Es ist eine Bibliothek historischer Bestände, doch mit heutiger Informationstechnologie ausgestattet und fortlaufend digitalisierten

Beständen. Und es ist eine Bibliothek sinnlicher Leseerfahrung und persönlicher Kommunikation, die wie viele andere alte und neue Bibliotheken heute trotz oder wegen der alltäglichen Digitalisierung wachsenden Zuspruch erfährt. Den Besucher, der heute von den Linden durch den offenen Säulenportikus in den Brunnenhof tritt, begrüßt eine hohe Fontäne. Sie weist ihm den Weg in eine der größten, schönsten und modernsten Schatzkammern der Welt.

Kapitel 22

AUF DEM PEAK IN HONGKONG

Die Residenz des deutschen Generalkonsuls auf dem Peak in Hongkong stand leer. Ein Erdrutsch hatte den Hang bewegt und das Haus gefährdet. Das wertvolle Grundstück, hieß es, war eine Schenkung an das Deutsche Reich aus dem Jahr 1913. Sollte darauf eine neue Residenz errichtet werden? Eine Geschichte von fernen Bergeshöhen und den Untiefen des Verwaltungsalltags.

Der Peak auf Hongkong Island, 554 Meter über dem Spiegel des Südchinesischen Meeres, ist der höchste Punkt auf Hongkongs Hausberg. Eine historische, im Jahre 1888 eröffnete Drahtseilbahn führt aus dem dichten und hohen Häusermeer hinauf zum üppigen subtropischen Park mit seinen exotischen Bäumen, Pflanzen, Blumen und Wasserfällen. Es ist die spektakuläre Aussicht über das Meer von Wolkenkratzern, den Victoria Harbour und die grünen Hänge der New Territories auf dem Festland, die den Victoria Park zu einem weltweit beliebten Touristenziel macht.

Schon seit der Kolonialzeit aber ist der Peak auch das vornehmste, repräsentativste und teuerste Wohnviertel Hongkongs. Bereits 1868 hatte der Gouverneur der Kronkolonie seine Sommerresidenz auf dem Peak errichtet. Anfangs war es die kühlere Luft, die die Reichen und Vornehmen auf den Berg zog, dann auch der Ausblick auf eines der weltweit spektakulärsten Stadtbilder. Dem chinesischen Namen zum Trotz – Tai Ping Shan, „Berg des großen Friedens" – entwickelte sich um die Grundstücke ein heftiger Wettlauf, in dem schließlich Chinesen den ehemaligen Kolonialherren den Peak streitig machen, Hintergrund für populäre Romane und Filmserien.

Ein Hofhaus als neue Residenz

Die Entscheidung zu einem Residenzneubau fiel zu einer Zeit, als der übermäßige Druck auf den Peak zu Baubeschränkungen führte. Das Grundstück der deutschen Residenz war, da bereits einmal bebaut, eines der wenigen überhaupt noch mit einem Neubau bebaubaren Grundstücke. Das sollte nicht ohne Einfluss auf den Grundstückspreis sein. Unsere Wertermittlerin Annett Töffling-Keller reiste nach Hongkong und kam mit einem in dieser Höhe unerwarteten Ergebnis zurück: Das 6.500 Quadratmeter große Grundstück auf dem Peak war 50 Millionen DM wert. Für den Bau einer neuen Residenz hätte ein Drittel des Grundstücks gereicht. Das brachte uns auf die Idee, es aufzuteilen, um aus dem Verkaufserlös von zwei Dritteln des Grundstücks den Neubau der Residenz zu finanzieren.

Unsere Architektin Eva Behérycz hatte bereits das 1997 eröffnete, um grüne Innenhöfe gruppierte Generalkonsulat in Karatschi entworfen. Auch die kleinere Residenz auf

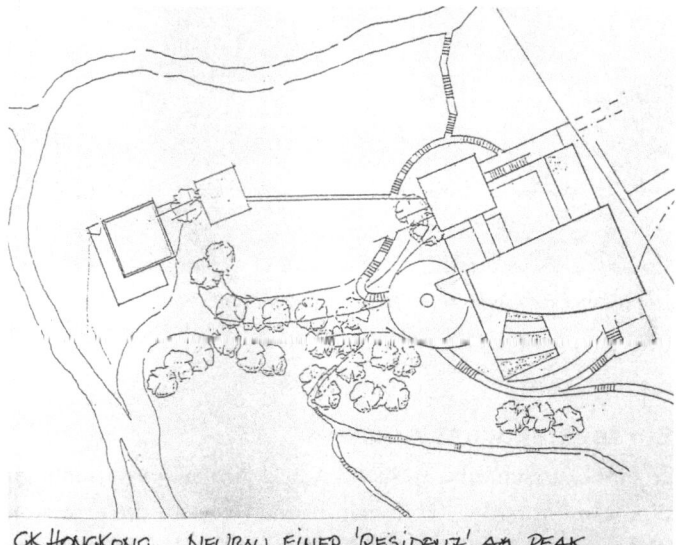

Hongkong, Residenz Generalkonsulat, Entwurf Eva Behérycz, BBR

dem Peak sollte nach ihren Plänen ein Hofhaus werden. Die parallel zum Hang gestellten, verbundenen Baukörper umschlossen einen Innenhof, der hangseitige für Nebenräume und Personal, das höhere Haupthaus nach Süden für Wohnräume im Obergeschoss und repräsentative Räume im Erdgeschoss. Unter einem von hohen Rundsäulen getragenen Wetterdach sollte eine von Dschungelgrün umgebene Terrasse entstehen mit Panoramablick auf Peak und Meer.

Hongkong, Residenz Generalkonsulat, Modell

Ein spektakuläres Angebot

In einer Ausschreibung suchten und fanden wir tatsächlich einen Investor, der bereit war, für den Erwerb des größeren Teils des Grundstücks auf dem verbleibenden Drittel eine neue Residenz nach unseren Plänen zu errichten. Unsere

Ausschreibung erbrachte das von Seiten des Bundesfinanzministeriums vorgegebene Ziel: Mindestgebot 50 Millionen DM, einschließlich der Errichtung der Residenz mit geschätzten Kosten von 8,3 Millionen DM, gebaut durch den Investor und Generalunternehmer auf der im Eigentum der Bundesrepublik Deutschland verbleibenden Grundstücksfläche von einem Drittel.

Was für ein Ergebnis! Das Mindestgebot wurde mit 51 Millionen DM Gesamterlös übertroffen: eine neue Residenz für 8,3 Millionen DM und 42,7 Millionen DM in bar obendrauf! Doch als wir dem Bauministerium das Resultat der Ausschreibung mit den Bauplänen zur abschließenden Prüfung und Zustimmung vorlegten, geschah Unerwartetes. Der Entwurf der Residenz, dem Fachreferat des Bauministeriums seit langem bekannt und von ihm und dem Auswärtigen Amt befürwortet, wurde plötzlich infrage gestellt. Obwohl das bereits bestehende Residenzgebäude in den ortsüblichen Straßenbreiten auf dem Peak ausreichend erschlossen und seine Erreichbarkeit nie ein Problem war, hieß es jetzt mit einem Mal: „Die Erschließung ist nicht gesichert."

Im Auswärtigen Amt herrschte Unsicherheit über die Zukunft Hongkongs im Hinblick auf die von Deng Xiaoping nach dem Prinzip „Ein Land, zwei Systeme" für 1997 ausgehandelte Übergabe der britischen Kronkolonie an China. Dies mag den Umgang mit der Grundstücksfrage beeinflusst haben. Als aber der Leiter der Bauabteilung des Bauministeriums persönlich dem Auswärtigen Amt abriet, dem Angebot den Zuschlag zu erteilen, war es das Todesurteil. Ich protestierte noch persönlich bei Bauminister Töpfer. Aber Außenminister Kinkel hatte bereits die Entscheidung getroffen, das gesamte Grundstück auf dem Peak zu verkaufen. Das Generalkonsulat mietet seitdem teure Räume für die Residenz in einem Hochhaus.

Wenig später erhielt ich einen Anruf. „Das kommt davon", so der Bauabteilungsleiter, „wenn man montags nicht zu meinen Abteilungsbesprechungen in Bonn erscheint." Montags fand, damals noch in Bonn, die wöchentliche Abteilungsbesprechung im Bauministerium statt. Barbara Jakubeit, meine Vorgängerin im Amt, hatte mich gewarnt. Der Bauabteilungsleiter hatte die Unart, sich am Wochenende bei Bauleitern nach Problemen bei laufenden Bauprojekten zu erkundigen, um sie montags früh der Präsidentin der Bundesbaudirektion brühwarm aufzutischen; sie sah sich dann, überrumpelt und unwissend, blamiert vor der ganzen Abteilung. Ich hatte meinen Dienstsitz in Berlin und vollauf zu tun mit den Bauvorbereitungen des Regierungsumzugs. So ließ ich mich für die Montagssitzungen in Bonn entschuldigen und vertreten.

Das prestigereiche Grundstück auf dem Peak aber, berichtete mir später der Präsident der Außenhandelskammer Hongkong bei einem Besuch in Berlin, hat am Ende der reichste Chinese der Welt erworben.

Kapitel 23

CHRONIQUE SCANDALEUSE
Geschichte des Bundesamtes

„Die Polizei ist hier und durchsucht die Räume des Präsidialbüros." Es ist Vorweihnachtszeit, der 9. Dezember 2003, als mich in der Bonner Dienststelle in der Deichmannsaue die telefonische Nachricht meiner Sekretärin aus dem Berliner Büro erreicht. Es wird begleitet von einem Fax des Durchsuchungsbeschlusses des Amtsgerichts Tiergarten vom 3. Dezember 2003. Darin wird gegen meinen Referenten für Öffentlichkeitsarbeit und mich als Präsident der Vorwurf des Betruges erhoben, „einen Vertrag über die Erstellung einer Chronik über die Bundesbaudirektion und Bundesforschungsanstalt für Landeskunde und Raumordnung geschlossen zu haben, wobei von vornherein geplant war, diese Chronik nicht zu erstellen und die vertragliche Summe auszuzahlen."

Zum 1. Januar 1998 hatte Bundesbauminister Klaus Töpfer die Bundesbaudirektion mit der Bundesforschungsanstalt für Landeskunde und Raumordnung (BfLR) zum Bundesamt für Bauwesen und Raumordnung (BBR) vereinigt. Auch um eine Angliederung an das Bundesfinanzministeriums zu vermeiden, sollte die Bundesbauverwaltung nicht auf das Bauen reduziert, sondern vielmehr als Einheit von Planen, Bauen, Forschen und Beraten gestärkt werden. Eine neue Corporate Identity sollte das künftig sowohl wissenschaftlich als auch baupraktisch und baukulturell tätige Bundesamt nach innen und außen öffentlichkeitswirksam darstellen.

Die *Chronik Bau und Raum*
Als Teil dieser Strategie wird bereits Anfang Januar 1997 der Historiker Andreas Kübler als freier Journalist mit

der Erarbeitung der Geschichte der Bundesbaudirektion beauftragt, dann 1998 mit der Geschichte beider Institutionen. Später setzt er die Arbeit als angestellter Mitarbeiter und Referent für Öffentlichkeitsarbeit im Präsidialbüro fort. Die *Chronik Bau und Raum* soll sich nicht nur der Vergangenheit, sondern auch der Gegenwart widmen und wird sehr viel umfangreicher und zeitaufwendiger, als ursprünglich gedacht. So stellt sich heraus, dass in der Behörde selbst nur begrenzte Informationen zu erhalten sind, sodass aufwendige Untersuchungen außerhalb notwendig werden, Nachforschungen im Bundesarchiv und Gespräche mit Zeitzeugen. Die Chronik soll die Historie zweier Jahrhunderte des staatlichen Bauwesens und der Raumordnung umfassen, auch die Aufarbeitung der Rolle der Reichsbaudirektion und Albert Speers als Generalbauinspektor für die Reichshauptstadt sowie der „Volk-ohne-Raum-Ordnung" des Dritten Reiches. Auch die zahlreichen politischen, kulturellen und diplomatischen Bauten nach der Wiedervereinigung in Berlin, Bonn und im Ausland sowie die ständige Umstrukturierung und Erweiterung der Bauverwaltung sollen auf neuestem Stand dargestellt werden. Diese Aufgabenstellung wird in einem langen Gespräch des Chronisten auch mit Prof. Michael Krautzberger, dem Leiter der ministeriellen Abteilung Bauwesen und Städtebau, besprochen und gutgeheißen.

Die *Chronik Bau und Raum,* deren Ziel nicht zuletzt ein gemeinsames Selbstverständnis und erweitertes Bewusstsein der jetzt sowohl bauenden als auch forschenden Mitarbeiter ist, bedarf deren persönlichem und archiviertem Wissen. So werden 1998 alle Mitarbeiter in Hausmitteilungen vom Präsidenten um Unterstützung gebeten. Der Chronist wird von Prof. Dr. Strubelt, Vizepräsident des BBR und vormals Präsident der BfLR, und von mir als Präsident des BBR aktiv begleitet. Alle Texte werden genauestens durchgesehen und mit Anregungen kommentiert. Naturgemäß ist die Erarbeitung der Chronik keine heimliche Angelegenheit. Wie aber soll ein „von vornherein geplanter Betrug" ohne Verheimlichung möglich sein?

Ein umfangreiches Werk
Zur gleichen Zeit, als die Staatsanwaltschaft gemeinsam mit einem Vertreter der Innenprüfung des Ministeriums in den Räumen des BBR in der Berliner Fasanenstraße nach verdächtigem Material sucht, dringt sie zum Schrecken von Frau und Kindern meines Referenten auch in dessen Potsdamer Privatwohnung ein; sein persönlicher Computer und alle Materialien und Texte zur *Chronik Bau und Raum* werden beschlagnahmt.

Die Fahndung der Staatsanwaltschaft nach der angeblich nicht existierenden Chronik bringt ein umfangreiches Werk ans Licht. Die beschlagnahmten 192 Seiten sind bereits mit dem Präsidenten und Vizepräsidenten abgestimmt und umfassen fast das Doppelte der vom Chronisten vertraglich geforderten 100 Seiten. Ein 15-Seiten-Papier, als „Küblers Chronik" der Staatsanwaltschaft zugespielt, erweist sich als ältere und veraltete, vom früheren Präsidenten Sitte für den Hausgebrauch verfasste Kurzchronik der Bundesbaudirektion. Die Staatsanwältin, die dem Chronisten dieses 15-Seiten-Papier bei der Durchsuchung entgegenhält, ist einem Schwindel aufgesessen.

Es dauert indes ein halbes Jahr, bis die Staatsanwaltschaft einen offiziellen Rückzieher macht und den offenkundig abwegigen Vorwurf des Betruges fallen lässt. Doch statt den Aktendeckel zu schließen, wandelt sie am 8. Juni 2004 diesen Vorwurf um in den der Untreue: „Betrug auf dem Aktendeckel und in ASTA löschen und dafür Untreue, § 266 StGB, notieren".

Ist es dem Haupt- und Staatstheater der Haus- und Bürodurchsuchungen und der öffentlichen Berichterstattung geschuldet, dass die Staatsanwaltschaft vom falschen Pferd nicht mehr herunterkommt? Kurz zuvor hat, passend zu meinem 60. Geburtstag im Mai 2004, das Nachrichtenmagazin *Der Spiegel* – auf einem Foto der Präsident als lachender Betrüger – die Vorwürfe öffentlich gemacht. Rückfragen beim Journalisten verraten interne Kenntnisse aus dem Ermittlungsverfahren.

Herr K.

Was hat das Bundesbauministerium und dessen Innenprüfung veranlasst, gegen den Präsidenten der eigenen nachgeordneten Behörde vorzugehen? Wer hat die Staatsanwaltschaft auf das falsche Pferd gesetzt? Es ist eine kaum glaubliche Geschichte. Es ist die Geschichte eines Denunzianten, dem es gelingt, Bauministerium und Staatsanwaltschaft einen Bären aufzubinden und jahrelang an der Nase herumzuführen.

Herr K. war eine Zeit lang Mitarbeiter des Koordinierungsbüros des Präsidenten des BBR. Zuvor hatte der Bauingenieur in der DDR, nach gescheiterter Flucht in den sechziger Jahren und mehrmonatiger Haft, ein juristisches Fernstudium absolviert. Als die Ostberliner Bauakademie vor der Auflösung steht, wird er gerade noch zum 1. Juli 1990 zum Abteilungsleiter Recht und Vertragswesen ernannt. Seine juristische Ausbildung in der DDR wird jedoch im BBR nicht als adäquates Jurastudium anerkannt, was für ständige Unzufriedenheit und Beschwerden seinerseits sorgt. Er lässt sich für zwei Jahre beurlauben, angeblich, um seine kranke Mutter zu pflegen, tatsächlich aber, um für einen Immobilienhändler zu arbeiten. In der Behörde erscheint er nur, um unter Kollegen mit seiner Visitenkarte als Geschäftsmann und seinem hohen Zusatzeinkommen zu prahlen. In das Koordinierungsbüro zurückgekehrt, wird er auffällig, als er Vorzimmer und Faxadresse des Präsidenten für die Fortführung seiner umfangreichen Privatgeschäfte nutzt. Auf meine Bitte hin weist der Leiter der Personalabteilung Herrn K. eine andere Aufgabe außerhalb des Präsidialbereichs zu.

Später erfahre ich durch den Brief eines Geschädigten von den Geschäftspraktiken des Immobilienhändlers. Er verweigert Ingenieur- und Baubüros regelmäßig die Bezahlung durch die fälschliche Behauptung von Schlecht- oder Nichtleistungen, die Herr K. als „baufachlicher Gutachter" für gutes Geld bestätigt. Auf einem mir zugesandten Auszug aus einem vor Gericht verwendeten Gutachten steht auf jedem Blatt die Fax-Adresse „Präsident BBR".

Der Denunziant als informeller Mitarbeiter der Innenprüfung

Die Chronique scandaleuse beginnt, als Herr K. ohne Wissen und Einverständnis des Präsidenten im Justitiariat eingesetzt wird, wo er – nicht zu glauben, aber wahr – Ansprechpartner der Innenprüfung des Bauministeriums wird! Nach Bekanntwerden seiner unseriösen Nebentätigkeit wird ihm die Aufgabe entzogen. Dennoch setzt er seine Tätigkeit als informeller Mitarbeiter der Innenprüfung des Bauministeriums fort. Fortan ist Herr K. auf der Suche nach „belastendem Material", das über die Innenprüfung ungeprüft in die Akten der Staatsanwaltschaft gelangt. Als ich ihn nach der Durchsuchungsaktion der Staatsanwaltschaft zur Rede stelle, gibt er zu, das veraltete 15-Seiten-Papier als „Küblers Chronik" in die Welt gesetzt zu haben.

Als Anerkennung für seine Verdienste als informeller Mitarbeiter wird Herr K. kurz vor seiner Pensionierung durch Abordnung zur Innenprüfung ins Ministerium noch befördert. Dort wird ihm, nicht der zuständigen Fachabteilung des Bauministeriums, die Chronik zur abschließenden fachlichen Bewertung vorgelegt.

Anklage

Das Ermittlungsverfahren schleppt sich hin. Meine Briefe an Minister und Staatssekretäre bleiben unbeantwortet. Eine Anhörung findet nicht statt, weder durch die Staatsanwaltschaft noch durch das Ministerium. Der erste und einzige, der meiner Geschichte – ungläubig kopfschüttelnd – Gehör schenkt, ist schließlich ein neuer Bauabteilungsleiter, Ministerialdirektor Michael Halstenberg. Erst auf sein Drängen hin fordert die Zentralabteilung des Ministeriums die Staatsanwaltschaft auf, endlich das Ermittlungsverfahren abzuschließen. Nach zwei Jahren, am 21. Dezember 2005, kurz vor Weihnachten, erhebt die Staatsanwaltschaft Anklage. Die Berliner Presse berichtet ausführlich, die *Bild-Zeitung* mit einem Verbrecher-Foto. Die Anklage lautet auf Untreue, doch in unveränderter Behauptung des ursprünglichen Betrugsvorwurfs: Es sei der „vorgefasste Tatplan" gewesen, den Chronisten „ohne Erbringung der vereinbarten Gegenleistung aus dem Vermögen des BBR zu bezahlen". Konkret wird ohne jeden Beleg und wahrheitswidrig eine von Anfang an enge persönliche Beziehung zwischen dem Präsidenten des BBR und dem Chronisten unterstellt: „Im vorliegenden Fall war es aber gerade der angeschuldigte Mausbach persönlich, der mit dem angeschuldigten Kübler schon längere Zeit in Kontakt stand und den in Rede stehenden Vertrag ausgehandelt hat."

Tatsächlich lerne ich Herrn Kübler zum ersten Mal kennen, als er mir vom Koordinierungsbüro als externer Bearbeiter der Chronik vorgestellt wird. Einen näheren Kontakt gibt es erst ab 1. Januar 1999 nach der Festeinstellung Küblers als Referent für Öffentlichkeitsarbeit. Völlig absurd ist die Vorstellung, ich hätte als Präsident persönlich den Vertrag mit ihm ausgehandelt. Verträge sind Aufgabe der Sachbearbeiter in Zusammenarbeit mit den Hausjuristen. Ebenso wird unterstellt, ich hätte als Präsident persönlich eine Auszahlung an den Chronisten angeordnet. Tatsächlich hat der Chronist die Abschiedsfeier des langjährigen Zentralabteilungsleiters als Gelegenheit genutzt, den Präsidenten persönlich anzusprechen: Er arbeite bereits seit anderthalb Jahren an der Chronik, habe aber noch kein Honorar erhalten. Ich empfehle ihm, eine Rechnung zu schreiben. Als er die Rechnung an mich schickt, leite ich sie weiter zur Bearbeitung an den neuen Leiter der Zentralabteilung, einen erfahrenen Juristen und Verwaltungsfachmann. Er ist in Personalunion noch Leiter des Koordinierungsbüros und daher auch in der Sache zuständig. Er zeichnet die Rechnung ab als „sachlich und rechnerisch richtig". Am 21. September 1998 wird sie als erste Teilrechnung vom Haushaltsreferat zur Auszahlung an die Bundeskasse angeordnet. Die Vorstellung, ein Präsident könne mal eben so Honorare wie einen Scheck ausstellen, ist lächerlich.

Freispruch erster Klasse

Das Amtsgericht, dem das umfangreiche 500 Seiten starke und reich illustrierte Werk vorliegt, weist nach einem halben Jahr, am 20. Juli 2006, die Anklage in allen Punkten ab und stellt zur Auszahlung der Teilrechnung fest:

„Ein strafbares Verhalten des Angeschuldigten Mausbach ist nicht ersichtlich ... Als Präsident des BBR hat er die Erledigung an die entsprechende Abteilung delegiert, ohne auf die Art und Weise der abschließenden Bearbeitung Einfluss zu nehmen ... Ein Vermögensschaden ist nicht eingetreten. Soweit feststellbar, hatte der Angeschuldigte Kübler bereits mehr als vertraglich vereinbart geleistet, sodass die in Rechnung gestellte und erhaltene Vergütung nicht unangemessen war. (…) Mittlerweile ist die Chronik vollständig erstellt und liegt dem Gericht vor. (…) Die Eröffnung des Hauptverfahrens wird aus rechtlichen Gründen abgelehnt. Die Kosten des Verfahrens und notwendigen Auslagen der Angeschuldigten fallen der Landeskasse Berlin zur Last."

Die gute Nachricht übermittelt mein Anwalt per E-Mail mit der Anmerkung: „Dass das Amtsgericht Tiergarten die Eröffnung des Hauptverfahrens abgelehnt hat, ist ein schöner Erfolg, der eher selten ist … Dass die Staatsanwaltschaft dagegen Beschwerde erhebt, kann ich mir kaum vorstellen und hoffe, dass Ihnen das erspart bleibt." Doch die Staatsanwaltschaft legt Beschwerde ein. Es dauert noch einmal fast neun Monate, bis auch diese vom Landgericht Berlin rechtskräftig abgewiesen wird.

„Ein Freispruch erster Klasse", bemerkt dazu Ministerialdirektor Michael Halstenberg. Doch es bedarf eines Anwalts des Deutschen Beamtenbundes, um in schwieriger Verhandlung mit zwei Ministerialdirigenten zu errei-

Chronik-Präsentation im Schloss Deichmannsaue, BBR-Dienstsitz Bonn – mit Autor Andreas Kübler und BBR-Vizepräsident Prof. Wendelin Strubelt

chen, dass die Mitarbeiter des BBR in einer offiziellen Mitteilung des Ministeriums vom guten Ausgang des Ermittlungsverfahrens gegen ihren Präsidenten erfahren.

Nicht durch das Ministerium in Gang gesetzt?

Der Präsident des BBR selbst erhält ein offizielles Schreiben in zwei Sätzen. Im Namen des Ministers Wolfgang Tiefensee teilt sein Staatsekretär am 20. Juni 2006 mit: „Mit der rechtskräftigen Entscheidung des Landgerichts Berlin, die einem Freispruch gleichsteht, sehe ich Ihren Ruf in der Öffentlichkeit als uneingeschränkt wiederhergestellt." Dagegen verblüfft der zweite Satz: „Hervorheben möchte ich nochmals, dass das gegen Sie durchgeführte staatsanwaltliche Ermittlungsverfahren nicht durch das Ministerium in Gang gesetzt worden ist."

„Nochmals?" Meine wiederholten Anträge auf Rechtsschutz und ein Darlehen zur Bestreitung der Anwaltskosten wurden vom Bundesministerium für Verkehr, Bau und Wohnungswesen (BMVBW) – nochmals und nochmals – mit dem Argument abgelehnt, „dass die Initiative für das Ermittlungsverfahren vom BMVBW ausgegangen ist".

Es gibt kein Wort der Entschuldigung oder des Bedauerns. Nur Manfred Stolpe macht da zehn Jahre später eine Ausnahme. Er war in meiner Zeit als Präsident ein Jahr lang Bauminister. Nach einer Kuratoriumssitzung der Deutschen Gesellschaft entschuldigt er sich bei einer gemeinsamen Fahrt im Aufzug. Es freut mich.

Im Rückblick überwiegt die Erleichterung. Amtsgericht und Landgericht haben zu guter Letzt mein Vertrauen in den Rechtsstaat wiederhergestellt. Doch bleibt das Unverständnis: Wie kann es sein, dass sich die ministeriellen Staatsdiener, betritt der Staatsanwalt die Bühne, hinter den Vorhang flüchten? Und abwarten, was geschieht?

Das Corpus Delicti, die Chronik des Amtes für Bauwesen und Raumordnung, bereits seit 2004 als Textfassung zugänglich, kann im Jahr 2007 endlich der Öffentlichkeit vorgestellt werden, mit fast 500 Seiten, reich und farbig bebildert, in der hauseigenen Druckerei erstellt und auch im Buchhandel erhältlich. Das umfangreiche Werk, das die Geschichte der staatlichen Bauverwaltung seit dem 18. Jahrhundert und die Geschichte der staatlichen Raumordnung seit dem 19. Jahrhundert bis in die Gegenwart schildert, wird am 24. April 2007 in der Parlamentarischen Gesellschaft im Reichstagspräsidentenpalais vom Autor Andreas Kübler präsentiert. Die Laudatio hält der Berliner Architekturhistoriker Prof. Wolfgang Schäche. Kein Vertreter des Bundesbauministeriums ist anwesend.

Andreas Kübler, Verfasser der *Chronik Bau und Raum,* ist heute Ministeriumssprecher im Bundesministerium für Umwelt und Verbraucherschutz.

Kapitel 24

EIN GEHEIMNISVOLLER PALAST
Der BND-Neubau

Der Präsident des Bundesnachrichtendienstes hatte zu einem Abendessen zu zweit in eine Villa in Dahlem eingeladen. In dieser Villa, berichtete Dr. August Hanning, hatte seinerzeit der amerikanische Geheimdienst die auf der Glienicker Brücke zwischen Ost und West ausgetauschten Spione einquartiert und befragt. Jetzt sprachen wir über den Bau der neuen BND-Zentrale. Sie sollte an der Chausseestraße in Berlin-Mitte entstehen, auf dem 260.000 Quadratmeter großen Gelände des ehemaligen Stadions der Weltjugend Ost-Berlins. Die einst 50.000 Zuschauer fassende, 1950 errichtete und als Walter-Ulbricht-Stadion eröffnete Großsportanlage war 1992 im Zuge der Olympia-Bewerbung Berlins abgerissen worden und diente jetzt provisorisch dem Freizeitsport. Dr. Hanning schwärmte von den Twin Towers in Kuala Lumpur, dem 1998 zeitweilig höchsten Gebäude der Welt, das im Wettbewerb zweier Bauteams innerhalb von sechs Jahren errichtet worden war. Ich konnte ihm zum Zeitbedarf keine Versprechungen machen, außer eine gute Mannschaft zusammenzustellen mit einem fähigen Projektleiter. Tatsächlich sollte die Errichtung des mächtigen Bauwerks unter aufwendigen Geheimhaltungsbedingungen schließlich zehn Jahre dauern. Es wurde nach dem Tempelhofer Flughafen das zweitgrößte Gebäude Berlins.

Von Pullach nach Berlin
Dem BND-Präsidenten war es gelungen, Bundeskanzler Gerhard Schröder und seinen Staatssekretär und Geheim-

dienstkoordinator Frank-Walter Steinmeier zu überzeugen, die Zentrale des BND mit allen wichtigen Abteilungen unter einem Dach von Pullach nach Berlin zu verlagern, in räumlicher Nähe zum Regierungssitz. Im Auftrag der Bundesimmobilienanstalt als Grundstückseigentümer, begleitet von Bundesfinanz- und Bundesbauministerium, trafen wir als für den Bau verantwortliches Bundesamt gemeinsam mit dem Bundesnachrichtendienst Vorbereitungen für die Bauorganisation und das Bauprogramm und steckten den Kosten- und Zeitrahmen ab. Die Auswahl geeigneter Architekturbüros ging mit aufwendigen Geheimschutzüberprüfungen einher, wie später auch die Auswahl von Ingenieurbüros und Baufirmen und deren Mitarbeitern.

Eine erste Verzögerung brachte die Klage eines Architekten, der in der Vorauswahl ausgeschieden war, weil er die Kriterien für ein so großes und kompliziertes Bauvorhaben nicht erfüllte. Das europäische Vergaberecht, das unterlegenen Bietern Klagerechte einräumt, sichert faire Wettbewerbsbedingungen und beugt Korruption vor, ist gleichwohl eine von vielen Ursachen für den Zeitaufwand öffentlicher Bauvorhaben. Nachdem das Düsseldorfer Landgericht die Klage abgewiesen hatte, konnte mit einem halben Jahr Verspätung die Auslobung des Architektenwettbewerbs beginnen.

Üblicherweise wird auf Vorschlag des Auslobers ein in Wettbewerben und Preisgerichten erfahrener Architekt oder Architekturprofessor von der aus Fach- und Sachpreisrichtern gebildeten Jury zum Vorsitzenden gewählt. Ein unbekannter Architekt als Vorsitzender des Preisgerichts? Das schien dem BND-Präsidenten nicht geheuer. Er bestand darauf, dass in diesem Falle der Präsident des BBR selbst die Verantwortung und den Vorsitz der Jury übernehmen sollte.

Einfügen oder herausheben?

Im Vorfeld städtebaulicher Überlegungen war es zu Diskussionen mit dem Berliner Senat für Stadtentwicklung gekommen, der sein städtebauliches Leitbild aus der Gründerzeit herleitet, das Berlins Stadtbild bis heute weithin prägt. Traufhöhen, Fluchtlinien und straßenbegleitende Baublöcke mit Innenhöfen sollten auch die kriegszerstörte Chausseestraße am Standort des BND wiederherstellen. Stadtentwicklungssenatorin Ingeborg Junge-Reiher versuchte in Gesprächen den BND davon zu überzeugen, die große Baumasse des Geheimdienstes in das urbane Umfeld zu integrieren und durch Geschäfte und Restaurants die Straßenfront zu beleben.

Dass diesen Vorstellungen nicht nur die unabdingbare Forderung nach Geheimschutz und Sicherheit entgegenstanden, sondern auch das gewaltige Bauvolumen, zeigte sich schon im ersten Wettbewerbsrundgang des Preisgerichts. Versuche, die Baumasse in ein Stadtquartier aus einer Vielzahl von Baublöcken oder Einzelhäusern aufzulösen, endeten in einem unübersichtlichen Gewirr aus Bauten und Straßen. Dagegen überzeugte auf Anhieb der einzige Entwurf, der die Baumasse als eigenständige Großskulptur gestaltete. Es war der preisgekrönte Entwurf des Berliner Büros Kleihues + Kleihues, das so das Gebäude in seiner besonderen Funktion und Bedeutung als Zentrale des Bundesnachrichtendienstes aus dem städtebaulichen Umfeld sichtbar heraushob.

Palast im Park

Heute wächst an der Chausseestraße vor dem mächtigen Nachrichtenpalast ein märkischer Kiefernwald. Das Bild eines Palastes im Park bietet auch der Blick vom Panke-Park, dem neuen öffentlichen Grünzug entlang des freigelegten Wasserlaufs der Panke im Rücken des Gebäudes. Als

Palast im Park und als lang gestreckter Baukörper unterhalb der Hochhausgrenze ragt das achtgeschossige Hauptgebäude aus der Umgebung heraus, ohne deren Maßstab zu sprengen. Tatsächlich sichtbar sind nur sieben Geschosse, da das Sockelgeschoss, fensterlos und gegen Sprengstoffanschläge gehärtet, hinter einem Festungsgraben verschwindet. Die Großform eines rechteckigen Kubus wird aufgelöst durch eine Vielzahl längs und quer gestellter schlanker Büroriegel, die den Baukörper nach außen öffnen oder halboffene Höfe umschließen. Im Innern bieten zwei Atrien, haushohe, von Oberlicht durchflutete Hallen, Mitarbeitern beim Verlassen ihrer Bürozellen nicht nur ein befreiendes Raumerlebnis, sondern auch Orientierung und kurze Wege über die umlaufenden Galerien.

Im Mittelpunkt der spiegelsymmetrischen Anlage ist um einen großen zentralen Hof die Leitung des Hauses angesiedelt mit dem Führungs- und Informationszentrum, in dem alle aktuellen Nachrichten zusammenlaufen, die in Krisen zur Grundlage politischer Entscheidungen werden. Zwei zentrale Torhäuser, vornehme steinerne Empfangsbauten, fein gegliedert und profiliert, bieten Platz für Bibliothek und Kantine. Sie verbinden das Hauptgebäude über Passagen mit der Chausseestraße und markieren die repräsentative Zufahrt für Ehrengäste. Geheimdienstchefs in aller Welt sind nicht selten im Ministerrang und erwarten einen protokollarisch angemessenen Empfang. Die Zufahrtsrampe erfährt eine symbolische Steigerung durch eine mächtige rostbraune Skulptur des Künstlers Stefan Sous. Wie ein gewaltiger scharfkantiger Faustkeil, drohend, halb schwebend, wirkt sie wie das Sinnbild einer gefahrvollen Welt.

An den freistehenden großen Solitär des Nachrichtenpalastes schließen dienende Bauten an die Blockrandbebauung der Chausseestraße an. Im Norden an die Ida-von

Zufahrtsrampe, Skulptur von Stefan Sous

Arnim-Straße durch das große moderne Logistikgebäude von Henn Architekten mit Parkhaus, eigener Notfall-Energieversorgung und dem Facility Management der BimA sowie ein Eckhaus der Architekten Hilmer, Sattler, Albrecht, dessen Fassade die gründerzeitliche Umgebung zitiert. Im Süden schließt an der Habersathstraße die Ausbildungsstätte für BND und Verfassungsschutz eine Lücke im Straßenrand. Von der Idee einer Öffnung der Bebauung zur Chausseestraße ist nur das südliche Eckhaus geblieben, das Besucherzentrum des BND.

Wie gestaltet man ein Bürohaus für 4.000 Mitarbeiter, die jeder an zwei Computern, einer fürs öffentliche Internet, einer fürs geheime Intranet, Nachrichten sammeln und auswerten, in Zellenbüros auf einem 1,25-Meter-Achsraster, belichtet von 14.000 je 75 Zentimeter breiten raumhohen Fenstern? Der Architekt Jan Kleihues sucht die Gefahr phantasieloser Monotonie zu vermeiden durch die wechselvolle Gliederung und Öffnung der kubischen Großfigur des Baukörpers, den Fassadenaufbau in Sockel,

Schaft und Dachabschluss und die elegante Aluminiumfassade, die je nach Lichteinfall in unterschiedlichen Farben und Helligkeiten changiert. Es entsteht aus der unendlichen Reihung schmaler hoher Fenster zu großflächigen Gitterrosten das stimmige Bild eines aus Modulen gefügten großen Datenspeichers.

Der Fluch steigender Baukosten

Aus den ursprünglich kalkulierten Baukosten von 720 Millionen Euro wurde am Ende der zehnjährigen Bauzeit eine Milliarde. Dazu muss man wissen, dass das Bundesfinanzministerium stets ein möglichst enges Kostenkorsett schnürt. Anders als private Investoren, die die Risiken kalkulieren, die jedes Bauvorhaben birgt, wird dies bei Bauten des Bundes abgelehnt. Selbst die jährlich zu erwartenden Baupreissteigerungen dürfen im Budget nicht berücksichtigt werden. Staatsbauten sind keine Serienprodukte, es sind Unikate mit allen Risiken der Witterung, des Baugrundes, der Qualität und Leistungsfähigkeit der Bauunternehmen, von Fehlleistungen, Nachforderungen, Planungsänderungen, zeitlichen Verzögerungen, Risiken aus Schwankungen der Baukonjunktur, aus Vergabeverfahren, Rechtsstreitigkeiten und der Änderung technischer Vorschriften u. a. m. Es wäre realistisch, die Risiken zu kalkulieren und zu budgetieren, die Mittel zu sperren und nur beim Eintritt der Risken freizugeben. Auch die Festlegung eines Stichtages, nach dessen Eintreten kostentreibende neue Nutzungsanforderungen, Planänderungen und bauliche Anpassungen ausgeschlossen sind, wäre zwingend erforderlich, um Zeit und Kosten zu sparen. Doch es bleibt der Fluch der Bundesbauten, dass für die Risiken des Bauens gilt, dass nicht sein kann, was nicht sein darf. Und so ist es am Ende die Bauverwaltung, die mit dem Schaden auch den Spott hat.

Bauen unter Geheimschutz

Bauen unter Geheimschutz ist eine zusätzliche Herausforderung. Nicht nur müssen alle am Bau Beteiligten sich einer Geheimschutzüberprüfung unterziehen. Auch die Baustelle selbst ist in besonderer Weise geschützt. Bei der BND-Zentrale im Norden wurde im Anschluss an das Baugelände ein eigenes Planungshaus in einem leeren Gründerzeithaus eingerichtet, in dem alle planenden und bauenden, projektsteuernden und kontrollierenden Büros konzentriert waren. Pläne und Dokumente durften nicht das Haus verlassen. Der besondere Vorteil war, dass die enge räumliche Zusammenarbeit eine rasche Koordination aller ermöglichte. Mit dem Baugelände war das Planungshaus durch einen geschützten „Tigergang" verbunden. Alle fertigen Bauteile wurden vor ihrer Versiegelung durch Putz oder Verkleidungen „in präventiver Lauschabwehr" auf mögliche Abhörvorrichtungen überprüft, ebenso alle Steckdosen und Schalter. Für den fertigen Bau selbst gelten vier von außen nach innen gestaffelte Geheimschutzzonen mit entsprechenden Zugangsbeschränkungen.

Auf meine Frage, was denn so besonders schützenswert sei, dass ein solcher Aufwand an Geheimschutz betrieben

Zentrale des Bundesnachrichtendienstes an der Chausseestraße, Berlin – Simulation Kleihues + Kleihues

werde, antwortete mir ein leitender Mitarbeiter des BND: Es sind nicht die vertraulichen und geheimen Nachrichten in Form von Daten und Papieren, es sind die menschlichen Quellen in aller Welt, die unbedingten Schutzes bedürfen. Ihr Leben und das ihrer Familien sind gefährdet und bedroht.

Neue Bedrohungen

Die Tätigkeit der Nachrichtendienste wird in der deutschen Öffentlichkeit mit nicht geringem Misstrauen beobachtet. Das mag auch in der Vergangenheit des letzten Jahrhunderts begründet liegen, an Assoziationen mit Gestapo und Stasi. Als das Ergebnis des Architektenwettbewerbs zur neuen BND-Zentrale der Öffentlichkeit vorgestellt wurde, verstieg sich ein Architekturkritiker der *Süddeutschen Zeitung* dazu, in der Geometrie des Entwurfs Hakenkreuze zu entdecken. Öffentliche Aufmerksamkeit oder gar Schadenfreude löste ein offenbar politisch motivierter Anschlag auf der Baustelle aus: Zwei Unbekannte waren über das Baugerüst im toten Winkel der Überwachungskameras in eines der Torhäuser geklettert, um in einem Putzmittelraum die Wasserhähne abzuschrauben und so einen erheblichen Wasserschaden zu verursachen.

Dass Deutschland als demokratischer Staat und seine Regierung angesichts ihrer wachsenden Verantwortung für Frieden, Ausgleich und Entwicklung in der Welt für eine vorausschauende Politik und die Bewältigung aktueller Krisen einer guten Informationsbasis bedarf, ist nicht Allgemeinverständnis. In einer Welt, in der mit Fake News Politik gemacht wird, sind verlässliche Nachrichten lebenswichtig. Die Digitalisierung öffentlicher Infrastruktur, der Wirtschaft und des Alltagslebens vernetzt die Welt, macht sie aber auch gegenüber Cyber- und Hackerangriffen immer verwundbarer. Es sind neue Formen feindlicher Auseinandersetzung und Bedrohung, auf die die Nachrichtendienste sich vorbereiten. Neben Berlin, das als Zentrale weiter ausgebaut wird, entwickelt sich der bisherige BND-Standort im bayerischen Pullach zum technischen Aufklärungszentrum. Bei einem Besuch in Pullach, eine Siedlung im Heimatstil der 1930er Jahre, ergänzt um neuere Funktionsbauten, konnten wir uns ein Bild machen von der Ausstattung heutiger Nachrichtenagenten mit moderner Technik. Nichts Spektakuläres, was an 007 erinnert. Nur eins hat überrascht: Zur klassischen Grundausstattung zählt auch heute noch die gute alte unsichtbare Tinte.

Kapitel 25

SUPRAURBIA

Hochhaus und europäische Stadt

1999 war es, im Architekturbüro von Josef Paul Kleihues, dem Vater der „kritischen Rekonstruktion" Berlins. Senatsbaudirektor Hans Stimmann ist zur Vorstellung einer städtebaulichen Idee für die City West eingeladen. Als dieser, noch in der Tür, das Modell eines Hochhauses am Bahnhof Zoo sieht, verlässt er, die Türe knallend, den Raum.

Deutschlands größte Stadt tut sich schwer mit Hochhäusern. Dass markante Türme das Postkartenbild des Potsdamer Platzes bestimmen und weltstädtisches Flair vermitteln, verdankt die Stadt weitblickenden Unternehmern wie Edzard Reuter, dem es gelang, den Bann der Traufhöhe zu brechen. Er ist heute Berliner Ehrenbürger. Dass in der City West gegenüber dem Europa-Center, West-Berlins Wahrzeichen der sechziger Jahre, heute zwei Zwillingstürme wie ein modernes Stadttor in den Himmel ragen, ist allein dem Zufall eines zeitweiligen Amts- und Farbwechsels im Senat geschuldet.

Kritische Rekonstruktion

Dass es in der Zeit des Wiederaufbaus nach der Wende gelungen ist, Bauboom und Spekulation in geordnete Bahnen zu lenken, ist ein bleibendes Verdienst der „Ära Stimmann". Mit preußischen Fluchtlinien und Traufhöhen sind unter der ordnenden Hand der Stadtplanung vertraute Stadtkörper und Stadträume wiedererstanden, ist das durch Krieg und Mauer zerstörte Gesicht Berlins in charakteristischen Zügen wieder erkennbar geworden. Die

„kritische Rekonstruktion", der Wiederaufbau historischer Stadtstrukturen in zeitgenössischer Architektur, hat sich als städtebauliches Leitbild für Erhalt und Entwicklung des gründerzeitlichen und älteren Berlins bewährt und ihren Niederschlag im „Planwerk Innenstadt" gefunden. Diese Renaissance Berlins als „europäischer Stadt" wird bereichert durch den Schutz von Baudenkmälern sowie die historisch getreue oder zeitgenössische Rekonstruktion von Geschichte und Stadtbild prägenden Einzelbauten und Ensembles. Berlin aber war immer auch Pionierstadt, Stadt der Moderne und in seinen besten Zeiten Preußen und Amerika.

Marktplätze der globalisierten Welt

Deshalb sollte ein erstarrtes Leitbild nicht zum Hindernis der Weiterentwicklung Berlins zu einer modernen Metropole werden. So bot sich der Hauptstadt mit dem neuen Berliner Hauptbahnhof ein City-Standort von Welt, im Parlaments- und Regierungsviertel gelegen, mit Blick auf Reichstag und Kanzleramt, in der Nachbarschaft von Wirtschafts- und Verkehrsministerium. Wo in ganz Euro-

Rekonstruierte Südfassade des Berliner Schlosses mit neuem Spreeflügel – Architekt Franco Stella, Vicenza

pa gibt es einen vergleichbaren Standort? Und doch ist er bisher, durch Traufhöhen stranguliert, von Bürowürfeln umgeben statt von einer Silhouette wetteifernder Türme. Ich erinnere mich gut an das Preisgericht zum Wettbewerb für das neue Bundesinnenministerium in der Nachbarschaft des Hauptbahnhofs. Das Innenministerium favorisierte ein Hochhausensemble im Park, doch Senat und Bauministerium legten ihr Veto ein: Das Innenministerium dürfe nicht das Kanzleramt überragen. Als könnten Bürotürme Palastarchitekturen wie Reichstag und Kanzleramt in den Schatten stellen.

Nach dem Fall der Mauer entdeckten und betraten die Stadtplaner aus dem Westen Neuland – den Osten Berlins. Aus der euphorischen Vision einer aufblühenden Stadtlandschaft mit fünf Millionen Einwohnern entstand 1993 der Plan für die City einer Weltstadt, ein Manhattan am Alexanderplatz. Berlin sollte und wollte im neuen offenen Europa Drehscheibe zwischen Ost und West werden. Eine weitsichtige Perspektive. Doch es hat noch zwei bis drei Jahrzehnte wirtschaftlicher Konsolidierung und des Wiederaufbaus der geteilten und zusammenwachsenden Stadt bedurft, bis heute neuer wirtschaftlicher Druck und wachsende Zuwanderung den Anstoß geben, über Berlins Zukunft als europäische Metropole neu nachzudenken. Auch über die Bedeutung von Hochhaus-Citys in modernen Metropolen.

Die Marktplätze der globalisierten Welt sind Hochhaus-Citys. Mit ihrer Ausstrahlung und Anziehung konzentrieren, bündeln und türmen sie die wirtschaftlichen und finanziellen Kräfte, bieten Fühlungsvorteile und Synergien. Wie eh und je auf Marktplätzen wird der Austausch von Waren, Geld und Ideen gesucht, der rasche Verkehr und Handel, die räumliche Nähe, die Erregung und Anregung persönlicher Kommunikation. Das aber bietet nur hohe bauliche Dichte. Dies hat schon, weit vorausschauend, der große Berliner Walther Rathenau gewusst, im Jahre 1902: „Je dichter die Tagesbevölkerung der City ist, desto leichter finden sich die Menschen, die an die Kette gemeinsamer Geschäftstätigkeit geschmiedet sind; je höher und gedrängter sich die Geschäftshäuser hier türmen, desto lustiger und freier können draußen die Wohnhäuser sich ausdehnen ... Arbeit, wird mir häufig gesagt, ist ein Vergnügen; dieses Vergnügen mehr intensiv, denn extensiv zu genießen, hätte uns eine City zu lehren."

Hochhaus und europäische Stadt
Wie lassen sich die Qualitäten der historischen horizontal geprägten „europäischen Stadt" mit ihren urbanen Straßenräumen und Plätzen, ihrem menschlichen Maßstab und ihrer sozialen „Berliner Mischung" aus Wohnen, Gewerbe, Geschäften und Kultur mit den heutigen technischen Möglichkeiten des vertikalen Bauens verbinden und zu einem zeitgemäßen Stadtbild weiterentwickeln? Die Pläne für das anfangs „Europolis", später „Quartier am Zoo" genannte neue Stadtquartier hinter dem Bahnhof Zoo auf Bundes- und Landesflächen sind ein solcher

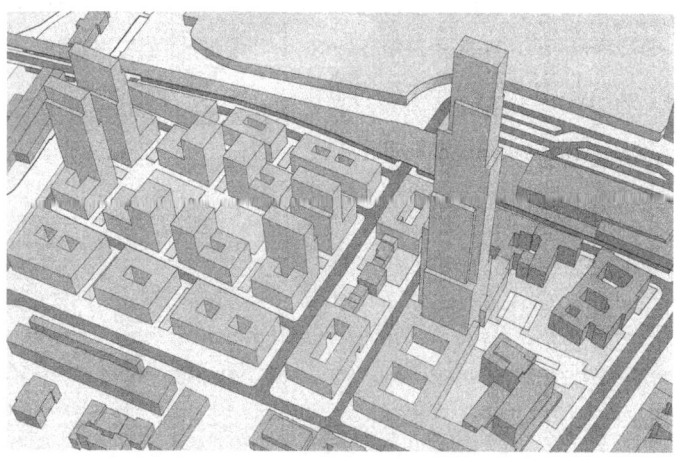

Europolis am Bahnhof Zoo – Städtebauliche Studie, 1989
Entwurf Josef Paul Kleihues, Idee Florian Mausbach

Versuch, was Nutzungsmischung wie Städtebau betrifft. Horizontale Baublöcke versprechen ein geordnetes Muster aus Straßenzügen, Plätzen und Parks in vertrautem Berliner Maßstab. Aus ihnen heraus wachsen Hochhäuser unterschiedlicher Höhe und bilden eine horizontal und vertikal komponierte Stadtskulptur. Diese gipfelt in einem hohen markanten Turm von 179 Metern, freistehend auf einem Platz als Campanile zum Bahnhof Zoo. Dort auf dem bundeseigenen Gelände hatte zu meiner Zeit in unansehnlichen Militärverwaltungsbauten aus den 1930er Jahren das Bundesamt für Bauwesen und Raumordnung seinen Sitz, heute weiterhin die Bundesimmobilienanstalt. Das nördliche Areal im Landeseigentum sollte in einer Mischung aus Wohnen, Gewerbe und Forschung für die benachbarte TU entwickelt werden, das südliche im Bundeseigentum zur Konzentration aller Brandenburger und Berliner Liegenschaften der Bundesimmobilienanstalt.

Diese städtebaulichen Überlegungen hatten 1997 angefangen mit einem Wettbewerb für einen Campanile zum Bahnhof Zoo, für den ich Prof. Meinhard von Gerkan mit seinen Braunschweiger TU-Studenten gewinnen konnte. Der preisgekrönte „Lange Kerl am Bahnhof Zoo" schmückte eine ganze Seite des Berliner *Tagesspiegel*. 1998 konnte ich Josef Paul Kleihues gewinnen für eine das Gesamtareal umfassende Entwicklung. Sein Sohn Jan Kleihues hat die sehr streng symmetrische und hierarchische städtische Großskulptur seines Vaters 2012 zu einem eigenen Entwurf in freierer Form weiterentwickelt.

Ideen und Anregungen freier Architekten und Stadtplaner stoßen auf großes öffentliches Interesse, werden aber, wie der Kulturkritiker des *Tagesspiegel* Bernhard Schulz einmal bemerkte, von den Planern des Senats eher als störend empfunden. Sie hatten für das Gelände hinter

Zwischen Realität und Vision

Ein Stein des Anstoßes für die Berliner Architekturdiskussion

VON MEINHARD VON GERKAN

Ziel unserer Architekturlehre an der Braunschweiger Carolo Wilhelmina ist es, eine Balance zwischen Realität und Vision zu finden. Die Studierenden sollen sich nicht die Zwangsjacke von Machbarkeit und öffentlicher Akzeptanz anziehen; sie sollten aber ebensowenig in ihren Entwurfsübungen ohne Bodenhaftung Wolkenkuckucksheime erfinden. Deswegen bemühen wir uns, die Gedankenfreiheit akademischer Konzepte an der Realität eines Ortes und an den Visionen von handelnden Personen im Prozeß des Planens und Bauens festzumachen. Wir befragen Bürgermeister, Stadtbauräte, Investoren, Flughafendirektoren oder Trabrennbahnvorsitzende, was sie gern geplant sehen möchten, wenn sie nicht nur dem unmittelbaren Diktat von Nutzungsbedarf und Rendite unterworfen wären.

Bei dieser Recherche gab der Präsident der Bundesbaudirektion, Florian Mausbach, die Anregung, für das Grundstück nahe dem Bahnhof Zoo in Berlin, wo seine Bundesbehörde residiert, eine Neubebauung zu konzipieren. Warum nicht ein Hochhaus, das an den „Wolken kratzt" und als das höchste Haus Europas ein neues Wahrzeichen für Berlin wird? Welcher ehrgeizige Architekturstudent wäre nicht elektrisiert, das Thema Hochhaus zu seinem Anliegen zu machen?

15 Entwürfe sind entstanden, einige davon mit respektabler eigenständiger Ausdruckskraft zum Typus Hochhaus, einige von hoher ästhetischer Intensität in der Durcharbeitung. Ich bin sicher, daß die Ausstellung dieser Arbeiten in der Bundeshauptstadt einen Stein in die Wogen der Berliner Architekturdiskussion werfen kann. Einen Stein des Anstoßes? Einen Stein, der einen Anstoß gibt?

Das Deutsche Architektur Zentrum erklärte spontan seine Bereitschaft, die Ausstellung in seinen Räumen zu veranstalten.

Wir haben uns entschlossen, trotz unterschiedlicher Qualität der Entwürfe, alle Arbeiten zu präsentieren und dabei in Kauf zu nehmen, daß nur ein kleiner Teil der Darstellungen gezeigt werden kann.

Dies scheint deswegen richtig zu sein, weil das öffentliche Interessse sich nicht auf die funktionale, konstruktive und strukturelle Qualität der Entwürfe bezieht, sondern mehr auf die Frage des Hochhaustypus selbst, seine wolkenkratzende Höhe im Kontext zum städtebaulichen Umfeld und die Auseinandersetzung mit dem konkreten Standort am Bahnhof Zoo. Hierbei bietet die Breite der unterschiedlichen Lösungen mehr Anstoß und Diskussionsstoff als die Tiefe in der detaillierten Darstellung.

Der Stein ist geworfen; wir sind gespannt auf die Diskussion.

Meinhard von Gerkan ist Architekt und Professor für Architektur.

^ *Textauszug des am 11. Juni 1997 im* Tagesspiegel *erschienen Artikels „Berlin kratzt am Himmel" von Prof. von Gerkan*

> *Der komplette Zeitungsartikel*

dem Bahnhof Zoo andere Pläne. Sie wollten ein großes Rad drehen. „Great Wheal" hieß das Projekt, ein 165 Meter hohes Riesenrad, das Touristen locken sollte. Das Vorhaben ist zur allgemeinen Erleichterung gescheitert.

Hoffnung machen die Pläne für das ehemalige Knorr-Bremse-Betriebsgelände am S-Bahnhof in Marzahn. Das neue große Wohnquartier in Berliner Mischung von Chipperfield Architects verbindet wie die Kleihues-Pläne am Bahnhof Zoo horizontale und vertikale Bauten zu einer großstädtischen Stadtskulptur. Fünf- bis siebengeschossige Wohngebäude um große grüne Höfe werden akzentuiert von drei unterschiedlich hohen Türmen, darunter ein herausragender 146 Meter hoher Büro- und Wohnturm. Berlin beginnt, über sich hinauszuwachsen.

Quartier am Bahnhof Zoo, 2013 – Entwurf Jan Kleihues, Idee Florian Mausbach

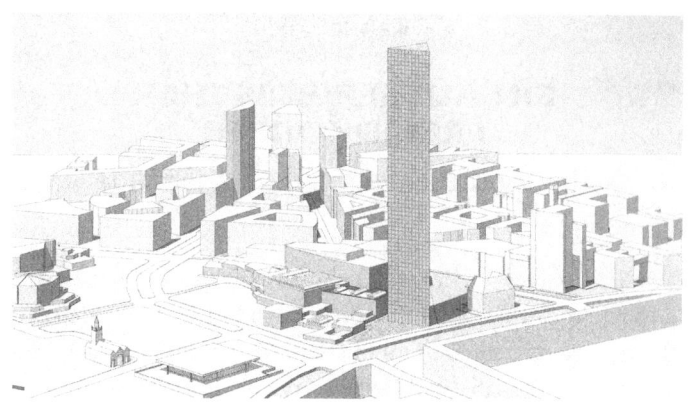

Obelisk am Kulturforum, 1999 – Entwurf Gruber Kleine-Kraneburg, Idee Florian Mausbach

Kapitel 26

EIN AUSSERIRDISCHER FREMDKÖRPER
ThyssenKrupp vor Staatsratsgebäude

„Da ist ein Herr Beitz am Apparat," sagt meine Frau Ursula und reicht mir das Telefon. „Beitz?" Ich bin gerade in der Küche und wende einen Pfannkuchen. Man rechnet ja nicht damit, dass es der Berthold Beitz ist, der einen zu Haus anruft.

Der 98 Jahre alte Ehrenvorsitzende des Aufsichtsrats der ThyssenKrupp AG ist eine historische Legende. Im Zweiten Weltkrieg rettete er in Polen mehreren hundert jüdischen Zwangsarbeitern das Leben, indem er sie als Arbeitskräfte für unentbehrlich bezeichnete. Von Alfried Krupp wird er 1952 für den Wiederaufbau des Krupp-Konzerns zum Generalbevollmächtigten gemacht. Nach dessen Tod 1967 übernimmt er den Vorsitz der neu gegründeten Stiftung. Rund sechzig Jahre lang steht Beitz in verantwortlicher Stellung an der Spitze von ThyssenKrupp. Durch Geschäftskontakte mit Osteuropa und der Sowjetunion bereitet er früh die Entspannungspolitik Willy Brandts vor. Als Kunst- und Architekturliebhaber hat er als Vorsitzender der Krupp-Stiftung den gefeierten Neubau des Folkwang-Museums in Essen durch den Architekten David Chipperfield möglich gemacht. Am 30. Juli 2013 ist er kurz vor seinem 100. Geburtstag gestorben.

Berthold Beitz meldete sich wegen der ThyssenKrupp-Hauptstadtrepräsentanz, die in Berlin vor dem ehemaligen Staatsratsgebäude errichtet werden sollte. Die *Berliner Zeitung* hatte im Februar 2012 einen von mir verfassten Artikel veröffentlicht: „ThyssenKrupp – Ein Neubau wie ein außerirdischer Fremdkörper". Ein Bekannter gab mir den Rat, ich solle mich doch an Berthold Beitz wenden; der besitze trotz hohen Alters noch immer Autorität im Konzern. Das hatte ich getan und mit einem Brief auch den Zeitungsartikel geschickt.

ThyssenKrupp wollte sich, so das Ergebnis eines Architektenwettbewerbs, als innovativer Technologiekonzern in der historischen Mitte der Hauptstadt mit einem mächtigen futuristischen Glaswürfel vor dem Staatsratsgebäude präsentieren. Aus gewelltem Gussglas, tags undurchsichtig trübe, nachts grell leuchtend, hätte er das Bild eines seltsamen außerirdischen Fremdkörpers geboten.

Respekt vor dem Staatsratsgebäude

Das Staatsratsgebäude der DDR aber sollte meiner Meinung nach als historisches Baudenkmal unverstellt erhalten bleiben. Es fügt sich in Dimension, Stellung und Haltung in das Ensemble der Staats- und Kulturbauten der Schloss- und Museumsinsel, das heute in gewandelter Gestalt wiederaufersteht. Die von großen Baumeistern über Jahrhunderte geschaffene Raumkomposition ist ein zeremonielles Schauspiel hierarchischer Bauten: das Humboldt Forum

Glaskubus von ThyssenKrupp

im Schlossgewand mit Schlossplatz, neuer Schlosspassage und Kuppel, das Alte Museum und der Berliner Dom am Lustgarten, das Zeughaus und die wohl künftig wiedererrichtete Bauakademie in rotem Backstein am Kupfergraben. Das Staatsratsgebäude mit dem Portal des Schlosses, von dem Karl Liebknecht 1918 die „freie sozialistische Republik" ausrief, ist heute, in einen modernen Klassizismus gekleidet, ein Mitspieler in diesem Theater historischer Haupt- und Staatsbauten. Es braucht einen freien, unverstellten Vorplatz als Bühne.

Das „Planwerk Innenstadt" des Senats, das durch „kritische Rekonstruktion" die verlorene städtebauliche Gestalt der historischen Mitte wieder erkennbar machen will, schießt hier über das Ziel hinaus. Ist es nicht absonderlich, die Straße An der Stechbahn, die einst Ritterspielen diente, durch einen großen gläsernen Bauklotz wie den von ThyssenKrupp geplanten in Erinnerung rufen zu wollen? Die Stechbahn ist in den vergangenen Jahrhunderten wechselnden Repräsentationsbauten gewichen, bis das Staatsratsgebäude endgültig neue, Respekt verdienende Tatsachen geschaffen hat.

Keine Privatisierung der Schloss- und Museumsinsel

Im Stadtbild Berlins zeugt das palastartige Gebäude nach dem Abriss des „Palastes der Republik" von der vierzigjährigen Geschichte des deutschen Teilstaates und vom Streben nach Anerkennung als „Berlin – Hauptstadt der DDR". Mit der friedlichen Revolution und dem Fall der Mauer wurde das Staatsratsgebäude mit seinen Foyers und Sälen revolutionär umfunktioniert zum öffentlichen Bürgerforum, wo die Debatten zur Zukunft Berlins stattfanden, Architektur- und Städtebau-Wettbewerbe ausgestellt und unter großer Anteilnahme erörtert wurden. Der

Bundesbauminister organisierte vom Staatsratsgebäude aus den Parlaments- und Regierungsumzug, dann residierte dort der Bundeskanzler, bis er ins neue Kanzleramt zog. Heute werden dort in einer privaten Wirtschaftshochschule kapitalistische Manager ausgebildet; in der großen Treppenhalle kündet ein buntes Glaspanorama noch vom unaufhaltsamen Sieg des Sozialismus. Eines Tages sollte es wieder ein öffentliches Gebäude werden, vielleicht ein Museum zur Geschichte der DDR, der deutschen Teilung und Wiedervereinigung.

David Chipperfield hat, als seine Idee eines Glaskörpers als Eingangsbau zur Museumsinsel auf ähnliches Befremden stieß wie der Glaswürfel auf dem Schlossplatz, ein neues Gebäude entworfen. Hier vor dem Staatsratsgebäude hilft nur der Verzicht. Denn es ist mehr als eine Bausünde, dass auf der Museums- und Schlossinsel Baugrundstücke abgesteckt und versteigert werden. Die historische und kulturelle Mitte der Stadt ist Allgemeingut. Es ist Weltkulturerbe, das nicht verschleudert, ein heiliger Bezirk, der nicht durch Kommerzialisierung und Privatisierung entweiht werden darf.

„Wir bauen das nicht", sagt Berthold Beitz am Telefon.

„Den Glaskubus vor dem Staatsratsgebäude?", frage ich.

„Ja, wir bauen das nicht. Das wollte ich Ihnen persönlich sagen. Ein Brief ist so umständlich."

Tatsächlich wurde der außerirdische Fremdkörper nicht gebaut.

Kapitel 27

MYTHOS TEMPELHOF

Die Machbarkeitsstudie zum Flughafen Tempelhof aus dem Jahr 2005 schloss mit der Empfehlung, die „Mutter aller Flughäfen" zu einem Luft- und Raumfahrtmuseum umzugestalten. Das umfangreiche technische Bestandsgutachten hatte unser Bundesamt im Auftrag der Bundesimmobilienanstalt vom Berliner Architekturbüro Arnold und Gladisch erarbeiten lassen. Ich legte Wert darauf, der Untersuchung eine Empfehlung zur künftigen Nutzung mit auf den Weg zu geben und anschaulich zu illustrieren. In der großen Abflughalle schwebten über neugierigen Museumsbesuchern ein Flugdrachen, ein Zeppelin und ein Raumfahrt-Satellit, in einem großen Hangar standen und segelten historische Propellerflugzeuge, Doppeldecker, Hubschrauber und Düsenjäger. Leider verfingen die faszinierenden Bilder nicht. Auch nicht die Prognose der Deutschen Bank aus dem Jahr 2005: „Berlin könnte zum dritten großen deutschen Luft- und Raumfahrt-Zentrum werden." Der Bund als Eigentümer sah in dem monumentalen Gebäude und dem weiten Flugfeld eher eine Last als eine Chance und verkaufte schließlich beides an das Land Berlin.

Weltkulturerbe

Aber auch das Land Berlin zeigt sich überfordert. Noch dient das geschichtsträchtige Bauwerk der Berliner Event-Kultur. Doch der Beschluss des Haushaltsausschusses des Deutschen Bundestages im November 2015 lässt hoffen: Der Bund stellt 27 Millionen Euro für den Umzug des

Alliierten-Museums von Dahlem nach Tempelhof bereit. Die Erinnerung an die Alliierten in der in Sektoren geteilten Stadt und an die legendäre Luftbrücke wäre ein wichtiger erster Schritt zur Nutzung des Bauwerks in seiner historischen Bedeutung. In seiner Einzigartigkeit als historisches Denkmal und Gesamtensemble ist der Flughafen Tempelhof auch ohne diesen offiziellen Status ein Weltkulturerbe. Er hat Weltgeschichte gemacht als Zeugnis der Luftfahrt, des Größenwahns, der Luftbrücke und des Kalten Krieges.

Im Mythos Tempelhof schwingen Erinnerungen an die Pionierzeit des Fliegens, an die Anfänge der modernen Luft- und Raumfahrt. Otto Lilienthal, „erster Flieger der Menschheit", entwickelt in Berlin zum ersten Mal einen Flugapparat zur Serienreife. Orville Wright demonstriert schon 1909 auf dem Tempelhofer Feld seine Flugvorführungen und Rekordflüge. Im gleichen Jahr kreuzt Graf Zeppelin mit seinem Luftschiff über dem Gelände. 1923 wird in Tempelhof der erste Verkehrsflughafen der Welt eröffnet, 1924 die erste große Flughalle errichtet. 1926 kommt hier die Deutsche Luft Hansa zur Welt. Am 10. August 1938 startet von Berlin ein viermotoriges Pas-

Flughafen Tempelhof als Luft- und Raumfahrtmuseum, Eingangshalle mit Zeppelin, Simulation – Architekten Arnold und Gladisch, Berlin

sagierflugzeug der Lufthansa zum ersten Non-Stop-Atlantikflug nach New York und zurück. Tempelhof wird zum Flughafen mit dem größten Passagieraufkommen in Europa vor Paris, Amsterdam und London.

Der Flughafen Tempelhof steht auch für die Zwiespältigkeit großer Ingenieurleistungen der 1930er Jahre. Ernst Sagebiel, als früherer Büroleiter Erich Mendelssohns ein Architekt der Moderne, errichtete von 1936 bis 1941 den Zentralflughafen für die „Welthauptstadt Germania". Das grandiose Bauwerk hat zwei Gesichter: In seiner architektonischen Haltung vergleichbar dem I.G. Farben-Haus Hans Poelzigs in Frankfurt am Main, spiegelt es in der rationalen Monumentalität einer neuen Zeit die weltumspannende Dimension beginnender Globalisierung. Zugleich ist es Ausdruck des Weltherrschaftsstrebens seiner Auftraggeber und in seiner repräsentativen Schaufront, in der Handschrift Albert Speers antikisierend dekoriert, Machtarchitektur des „Tausendjährigen Reiches". Doch der Zweite Weltkrieg verhinderte den Neubau des Großflughafens. Der unfertige Bau wurde zum Standort des kriegswichtigen Flugzeugbaus unter Einsatz von Zwangsarbeitern aus den besetzten Gebieten.

Flughafen Tempelhof als Luft- und Raumfahrtmuseum, Hangar mit Düsenjäger, Simulation

Nach 1945 wurde Tempelhof zum Flughafen der US Air Force. Auf dem „Platz der Luftbrücke" erinnert ein Denkmal an die Piloten, die mit ihren „Rosinenbombern" von Juni 1948 bis Mai 1949 den Westteil der Stadt versorgten. Die Luftbrücke ist zum Symbol des Überlebens- und Freiheitswillen Berlins und des freien Westens geworden. Mut und Freiheitswillen haben auch die Berliner Mauer zu Fall gebracht und die Teilung der Welt überwunden. Der Traum von der grenzenlosen Freiheit des Fliegens verbindet sich mit dem Willen, Grenzen und Mauern zu überwinden. In diesem historischen Mythos liegt die Zukunftschance für Tempelhof.

Museum für Luft- und Raumfahrt

Was könnte die Erinnerung an die Pionierzeit des Fliegens und die Luftbrücke besser wachhalten als ein Museum und Zentrum für Luft- und Raumfahrt? Warum nicht die Tradition der Berliner Luftfahrt-Sammlung wieder aufgreifen? Auch sie war legendär. Geboren in einer Baracke zwischen den ersten Flugzeughallen auf dem Tempelhofer Feld, wuchs sie, von Ort zu Ort wandernd, zum größten Flugzeug-Museum der Welt. Viele Ausstellungsstücke sind im Krieg verschollen, manche finden sich in dem von dem Berliner Architekten Justus Pysall entworfenen, 2010 eröffneten Polnischen Luftfahrtmuseum in Krakau. Die Luftfahrtausstellung des Deutschen Technikmuseums in Berlin zeigt 200 Jahre deutscher Luftfahrtgeschichte: vom Ballon bis zur Luftbrücke. Das Museum verfügt bereits über vierzig Großobjekte, darunter die legendäre Junkers Ju 52 und natürlich den „Rosinenbomber" vom Typ Douglas C-47 „Skytrain"; doch es fehlt an Flächen für die Vielzahl eingelagerter, auf ihre Ausstellung wartenden Flugobjekte.

Das National Air and Space Museum in Washington ist das meistbesuchte Museum der Welt. Wie viel mehr aber hat Tempelhof mit seiner Aura der Authentizität zu bieten, seinem historischen Flughafengebäude, den großen Hangars, dem Flugfeld und der flugtechnischen Infrastruktur! Ein Museum und Zentrum für Luft- und Raumfahrt wäre weit mehr als ein weiterer touristischer Magnet, es würde das Interesse an Technologie, Wissenschaft, Forschung und Ingenieurwesen wecken und für Berlin neue wirtschaftliche Perspektiven eröffnen.

Gebäude und Flugfeld sind eins

Mit großer, weit ausholender Geste umarmt das Flughafengebäude das Flugfeld, das unübersehbar als großer runder Teller in das Weichbild der Stadt geprägt ist. Gebäude und Flugfeld sind eins. Sie waren eins und sollten es für immer sein. Das Flugfeld gehört wie das historische Baudenkmal des Gebäudes unter Denkmalschutz mit den erhaltenen Landebahnen, Schildern und Zeichen des Flugleitsystems.

Unter dem wachsenden Druck streitbarer Bürgerinitiativen und der Bevölkerung aus den benachbarten dicht besiedelten Stadtteilen Neukölln, Kreuzberg und Tempelhof wurde am 8. Mai 2010 das Flugfeld als Freiraum für alle geöffnet. Die auf dem Flugfeld geplante Internationale Gartenausstellung 2017 wurde nach Marzahn verlegt. Der Plan des Baus einer Landesbibliothek und die Pläne einer Teilbebauung durch Wohn-und Gewerbebauten stießen auf heftigen Widerstand. 2011 wurde die Bürgerinitiative „100 % Tempelhofer Feld" gegründet, die in einem berlinweiten erfolgreichen Volksentscheid ein Gesetz zur Freihaltung des Tempelhofer Feldes erzwang.

Am 30. April 2011 schilderte ich im Berliner *Tagesspiegel* aus eigenem Erleben das frohe Treiben dort: „Frühlingsspaziergang über das Tempelhofer Feld. ‚Hier ist des Volkes wahrer Himmel!' Das Volk hat sich das freie Flugfeld erobert. In einer heiteren, friedlichen, demokratischen Revolution. Unangemeldet und ungeplant. ‚Hier bin ich Mensch, hier darf ich's sein.' Es hat noch den Reiz des Verbotenen, wenn die Menschen wie Liliputaner über die für Riesenvögel gebauten breiten Betonpisten laufen. Übergroß die weißen Markierungen und schwarzen Zahlentafeln des Flugleitsystems, rotweiß kariert und gestreift die Warnzeichen. Nichts stört den weiten Blick. Es gibt keine Reklame, keinen Konsumzwang. Es ist nicht still und auch nicht laut. Es schwebt ein frühlingshaftes Summen und Brummen über dem Feld. Phantastische Drachen kreisen in der Luft und ferngesteuerte Spielflugzeuge, auf den Rollbahnen Skater, Radler und die bunten Segel der Windsurfer. Auf den weiten Wiesen Menschen allen Alters, allein, zu zweit, in Familien und Gruppen, gemeinsam und doch für sich, bei Picknick, Lesen, Lieben und Kinderwagenschieben. Baseballkappen neben Kopftüchern, Bikinis und Shorts neben Sari und Sarong. Das ‚Volk, der große Lümmel' spielt Weltrevolution. In der großen Zahl und bunten Vielfalt der Menschen aus allen Berliner Stadtteilen, in ihrem Nebeneinander und Miteinander entsteht die Ahnung einer Weltstadt."

Eine Randbebauung, die den Freiraum auf Dauer sichert

Heute werden angesichts wachsender Zuwanderung und steigender Wohnungsnachfrage erneut Stimmen laut, die eine Teilbebauung des Tempelhofer Feldes fordern. Umfragen zeigen: Die Frage spaltet die Stadt. Es wäre klug, eine versöhnliche Lösung zu finden. Warum nicht eine Randbebauung im Süden mit der dauerhaften Sicherung des Freiraums verbinden? Eine Randbebauung in Berliner Mischung aus markanten Hochhäusern, die dem weiten Raum eine Fassung geben und durch eine dritte Dimension aus dem flachen Teller eine großstädtische Schüssel machen. Und ein Planungsrecht, das den Freiraum dauerhaft sichert durch Festsetzung als öffentliche Fläche für Erholung und Sport und den Denkmalschutz des Flughafengebäudes erweitert um das historische Flugfeld.

Die künftige Viermillionenstadt braucht Wohnraum, sie braucht aber auch für die wachsende Zahl ihrer Menschen diesen großen Berliner Central Park. Friedrich der Große hat den Berlinern den Tierpark geöffnet. Er ist nie bebaut worden. An seinem nördlichen Rande aber ist aus der Hand internationaler Architekten aus Hochhäusern das Hansaviertel entstanden. Wo finden sich die gefragtesten Wohnungen auf der Welt? In Hochhäusern rund um den New Yorker Central Park!

Berlins Luftfahrtgeschichte fortsetzen

Mit der Eröffnung des Großflughafens Berlin Brandenburg kann Berlin endlich wieder seine Luftfahrtgeschichte fortsetzen. Anders als die meisten deutschen Großstädte, die Mittelpunkte dicht besiedelter Metropolregionen sind, ist Berlin eine Insel im Osten Deutschlands, dicht bevölkert in einem weiten dünn besiedelten Raum. Gute und schnelle Verkehrsverbindungen sind existentiell. Der Flughafen ist für Berlin als Hauptstadt und Metropole so lebenswichtig wie für Hamburg der Hafen.

Klimawandel und Pandemie führen die weltweite und existenzielle Bedeutung von Wissenschaft, Forschung und Aufklärung vor aller Augen. Unweit des neuen Großflughafens forscht in Berlin-Adlershof das Deutsche Zentrum für Luft- und Raumfahrt (DLR) mit den Schwerpunkten Weltraum und Verkehr. Neben seiner Beteiligung an Weltraummissionen gilt das Zentrum als

Wegbereiter für ein umwelt- und sozialverträgliches und alle Verkehrsträger umfassendes Verkehrssystem. Mit der ersten europäischen Tesla-Großfabrik für Elektroautos im brandenburgischen Grünheide wird die Region zum Schwerpunkt der Elektromobilität. Auch die Luftfahrt sucht nach Wegen größerer Effizienz und Umweltverträglichkeit. „Flugscham" mag Ausdruck eines realen Problems sein, Lösungen aber für die Zukunft des weltweit wachsenden Flugverkehrs müssen Wissenschaftler und Ingenieure finden. Der Mythos Tempelhof sollte sie beflügeln!

Kapitel 28

PAULSKIRCHE UND WACHENSTURM

Die 2019 aufgeflammte Debatte um Art und Weise der Sanierung der Paulskirche in Frankfurt am Main weckt Erinnerungen an meine Zeit im Frankfurter Amt für Kommunale Gesamtentwicklung und Stadtplanung. In den 1980er Jahren ging es schon einmal um die Sanierung der Paulskirche und um das Ob und Wie. Sollte der historische Turmhelm wiederhergestellt werden? Nein, die mittlerweile auch historische Fassung von Johannes Krahn und Rudolf Schwarz, zwei bedeutenden Baumeistern der frühen Nachkriegszeit, sollte erhalten bleiben. Sollten die Fenster wieder wie ursprünglich eine Sprossenteilung erhalten? Ja, sie sollten, auch wenn Kritiker darin einen verbotenen Historismus sehen.

Ich erinnere mich auch deshalb daran, weil ich mit meinem Vater Leo Mausbach darüber sprach. Der erhielt nach dem Krieg als Leiter der Kreisbauaufsicht in meiner Heimatstadt Höxter den Spitznamen „Sprossen-Leo"; er hatte nach dem deutschtümelnden Sprossenwahn des Dritten Reiches nur noch moderne ungeteilte Glasfenster genehmigt. Die Paulskirche aber sollte, dem schloss er sich an, nicht länger aus hohlen Augen schauen.

Wettbewerb für die Umgebung der Paulskirche

Die Paulskirche erhielt in Abstimmung mit der Witwe des Architekten Rudolf Schwarz eine Fensterteilung. Für die Umgebung der Paulskirche wurde ein städtebaulicher Wettbewerb durchgeführt, den ich vorbereiten durfte. Frankfurts radikale Modernisierung nach dem Krieg hatte mit der Berliner Straße eine große Schneise in die historische Mitte und die Umgebung der Paulskirche geschlagen. Sie stand bloßgestellt auf einer durch ein Baumraster begrünten Restfläche. Namhafte Architekten wie Oswald Mathias Ungers, Hans Hollein und Alexander von Branca waren eingeladen, Vorschläge zur städtebaulichen Neufassung der Paulskirche zu machen.

Das Vorwort des Oberbürgermeisters Walter Wallmann zur Auslobung enthielt eine Passage, die auf Kritik stieß:

„Hier in Frankfurt in der Paulskirche versammelte sich 1848, von der Bevölkerung begeistert gefeiert, das erste deutsche Nationalparlament. Hundert Jahre später wurde die Paulskirche aus den Trümmern des Zweiten Weltkrieges wiedererrichtet. Die ausgeglühte Ruine, nicht der historische Bau mit dem stolzen Helmdach, lieferte die Idee

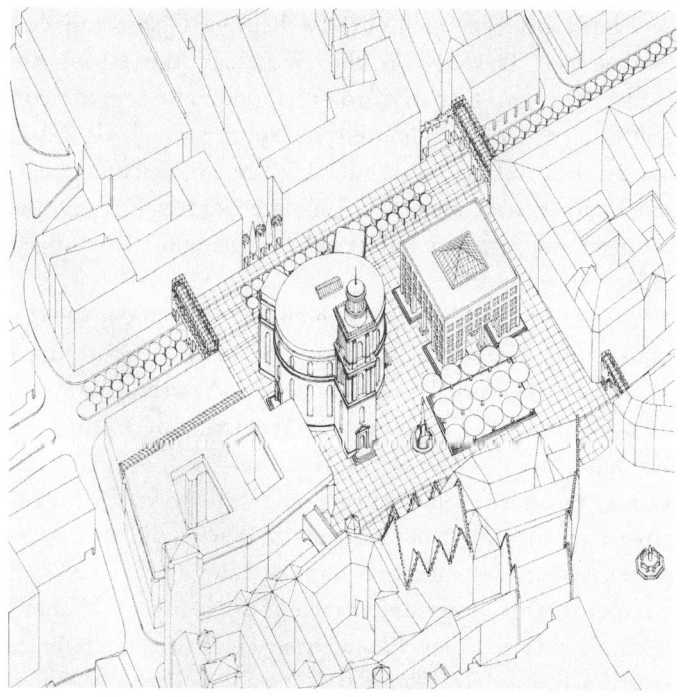

Wettbewerb zur Umgebung der Frankfurter Paulskirche, 1983 – Stadtloggia O.M.Ungers

für den Wiederaufbau. Es waren wohl nicht allein die fehlenden Mittel, die seinerzeit vor einer historisch getreuen Rekonstruktion zurückscheuen ließen. Auch die Nähe der furchtbaren Geschehnisse der jüngsten Vergangenheit muss eine Scheu vor jeder Berührung mit der Geschichte erzeugt haben. Uns fällt es heute mit mehr Abstand leichter, die ganze deutsche Geschichte und damit auch über den Abgrund der jüngeren Vergangenheit hinweg jene Epochen und Ereignisse wiederzuentdecken, die uns mit Stolz erfüllen können."

Es war die Satzpartie „über den Abgrund der jüngsten Vergangenheit hinweg", die in der Presse aufgegriffen wurde als ein Versuch des Geschichtsrevisionismus. Die öffentliche Diskussion um die Vorschläge des Architektenwettbewerbs verebbte bald wieder. Keiner der Entwürfe wurde verwirklicht. Doch könnte ein Blick auf die damaligen Wettbewerbsideen auch für die heutige Diskussion von Nutzen sein. Dass erneut über Wege zur Aufwertung der Paulskirche gesprochen wird, nicht nur als Zeugnis von 1948, der Nachkriegsdemokratie, sondern auch als Zeugnis der Revolution von 1848, könnte ein Zeichen wachsenden Interesses an der Geschichte unserer Demokratie sein. Sie ist bisher nicht wirklich Teil einer lebendigen Erinnerungskultur.

Frankfurt am Main ist reich an Ereignissen der Demokratie und Freiheitsbewegung. So war der Frankfurter Wachensturm von 1833 neben dem Wartburgfest und dem Hambacher Fest eine aufsehenerregende Aktion des Vormärz, die die Märzrevolution von 1848 vorbereitete. Daran erinnern sollte eine große pittoreske Brunnenanlage auf dem Platz der Konstabler Wache, die die Frankfurter Architekten Berghof, Landes, Rang in den 1980ern auf meine Anregung hin entwarfen. Ein barockes Wachengebäude wie das der Frankfurter Hauptwache hatte es einst auch auf dem Platz der Konstabler Wache gegeben.

Konstabler Wache, Brunnenanlage, Frankfurt am Main, 1984 – Architekten Berghof, Landes, Rang – Idee Florian Mausbach

Vor der Kulisse des nachgebildeten barocken Giebels sollten – vergleichbar einer riesigen Spieluhr – zwei lebensgroße Konstabler zu bestimmten Tageszeiten einen musikalisch untermalten Wachwechsel vollführen. Ein Frankfurter Spottlied auf den Gefangenenwärter Schnitzspahn, dem der „Wachenstürmer" Luzius aus dem Gefängnis der Konstabler Wache entwischt war, sollte als Inschrift an das historische Ereignis erinnern:

> „Jetzt, Schnitzspahn, streck' die Beine aus,
> Die Falle offen, fort die Maus!
> Oh Polizei, wie viel Verdruss
> Macht dir der Studio Luzius!"

Der Entwurf kam nicht zur Aus- und Aufführung. Und so herrscht noch heute auf der Konstabler Wache erinnerungslose Leere.

Kapitel 29

EIN DENKMAL DER FRIEDLICHEN REVOLUTION!

Natürlich ist „1989" ein weltgeschichtliches Ereignis von so elementarer Wucht, dass die Frage, ob der Umbruch einen Mythos darstellt, absurd klingt. Aber Mythen sind nicht zwingend Lügen, sondern mächtige Gemeinschaftsvorstellungen, die zu einer zivilreligiösen Feierkultur führen.

Martin Sabrow, Direktor des Leibniz-Zentrums für Zeithistorische Forschung Potsdam

Seit alters her schmücken die Menschen ihre öffentlichen Plätze und Parks mit Skulpturen, Brunnen, Kunstwerken und Denkmälern. Indem sie bedeutende politische, militärische, kulturelle und religiöse Gestalten oder historische Ereignisse ehren, versichern sie sich ihrer gemeinschaftlichen Werte und ihres Zusammenhalts. Die Deutschen von heute tun sich schwer mit Denkmälern, wie überhaupt mit öffentlichen Bekenntnissen, Zeichen öffentlicher Trauer oder Freude. Der Missbrauch gemeinschaftlicher Gefühle ist unvergessen. Zweifel und Vorbehalte sind die Folge. Aber auch Herablassung und Geringschätzung.

Auf die Verachtung des Sinnlichen in der ersten deutschen Demokratie hat der Literaturwissenschaftler Viktor Klemperer hingewiesen, der als Jude das Dritte Reich in Dresden überlebte. Er notierte in seinem Tagebuch am 11. August 1934:

„Ich glaube, der 11. August war der ‚Verfassungstag' der Republik. Dieses ‚ich glaube' ist charakteristisch; die Feier wurde nie populär, nie mit Schwung und Resonanz durchgeführt. Die Republik war in diesem Punkt allzu protestantisch; sie vertraute allzu sehr auf das Geistige und verachtete das Sinnliche, sie überschätzte das Volk. Bei der gegenwärtigen Regierung ist das Gegenteil der Fall, und sie übertreibt dieses Gegenteil ins Unsinnige."

In einer Rede zum 3. Oktober 2012, Nationalfeiertag und Tag der deutschen Einheit, sagte Bundespräsident Joachim Gauck: „Viele Menschen müssen sich ja, weil die deutschen Gene so tief in ihnen verankert sind, immer wieder von der Kultur des Verdrusses, die unser Land prägt, lösen, um einmal in den Zustand der Freude zu gelangen."

Gibt es ein freudigeres und glücklicheres Ereignis in der deutschen Geschichte als den Fall der Mauer 1989? Wir verdanken es dem Freiheitswillen und dem Mut friedlicher Revolutionäre. Joachim Gauck: „Das deutsche Volk, das so gerne die Einheit feiert, darf nie vergessen: Zur Einheit sind wir nur gekommen, weil vorher Menschen die Freiheit erkämpft haben."

Eine Stadt ohne Denkmäler ist wie eine Wohnung ohne Bilder

Ein Denkmal der Friedlichen Revolution in der Mitte der Hauptstadt soll für immer an diese Menschen erinnern. Der Bürgerrechtler Günter Nooke war der Erste, den ich für die Idee eines Denkmals auf dem leeren Sockel des ehemaligen Nationaldenkmals gewinnen und begeistern konnte. Als Bundestagsabgeordneter machte er es zu seiner Sache, gewann Lothar de Maizière hinzu, den 1990 frei gewählten Ministerpräsidenten der DDR, und Jürgen Engert vom ARD-Hauptstadt-Studio. Am 15. Mai 1998 stellten wir das Projekt der Öffentlichkeit im Deutschen Historischen Museum vor.

„Eine Stadt ohne Denkmäler ist wie eine Wohnung ohne Bilder." Mit diesem Satz eröffnete ich und fuhr fort: „Wenn im Jahre 2000 die Besucher in die Bundeshauptstadt Berlin strömen, aus Deutschland und aus aller Welt, werden sie vom Pariser Platz, dem Salon dieser Stadt, über die Linden zum Lustgarten spazieren. Die Linden werden zur Feststraße der Republik, zum feiertäglichen Boulevard, der – anders als der Ku'damm – weniger der Zerstreuung als der kulturellen Erbauung und Erhebung dient.

Berliner und Besucher werden, vom Reichstag kommend, am Sowjetischen Ehrenmal und an der Ruferin über die Mauer vorbei hinüber zum Holocaust-Mahnmal gehen, um dann durch das Brandenburger Tor zu schreiten. Unter den Linden werden sie das frisch renovierte Reiterdenkmal Friedrichs des Großen passieren, die Marmorstandbilder Wilhelms und Alexanders von Humboldt zur Linken grüßen und, wenn sie den Bebelplatz zur Rechten betreten, im Boden das Mahnmal zur Bücherverbrennung entdecken. In Schinkels Neuer Wache erinnert Käthe Kollwitz' Pietà an die Opfer von Krieg und Gewaltherrschaft. Gegenüber sind versteckt hinter Büschen die Standbilder der preußischen Reformgeneräle Blücher, Gneisenau, Scharnhorst und Yorck zu erkennen. Über die mit Figuren geschmückte Schlossbrücke wird der Spaziergang vor einer riesigen Baustelle enden. Auf dem Weg zum ehemaligen Staatsratsgebäude der DDR mit seinem Schlossportal, von dessen Balkon Karl Liebknecht 1918 die ‚freie sozialistische Republik' ausrief, stößt man auf die Treppenstufen eines mächtigen Sockels. Hier gähnt eine große leere Fläche, die in den Spreekanal hineinragt. An dieser Stelle wurde für Kaiser Wilhelm I. 1987 ein pompöses Reiterdenkmal enthüllt, zu dessen Füßen vier mächtige Löwen Trophäen des deutsch-französischen Krieges von 1870/71 bewachten. Der Kaiser hoch zu Ross ist nicht mehr. Die Löwen schmücken den Tierpark von Friedrichsfelde. Der gewaltige Sockel aber harrt einer neuen Bestimmung. Vom Berliner Schloss aus wurde Deutschland 1871 zum ersten Mal geeint. In der Nachbarschaft dieses Sockels wurde am 23. August 1990 durch die frei gewählte Volkskammer der Beitrittsbeschluss gefasst und im Kronprinzenpalais am 31. August 1990 der Einigungsvertrag unterzeichnet. Im Herbst 1989 mündete von Leipzig ausgehend die revolutionäre Volksbewegung der DDR in der größten Demonstration mit fast einer Million Menschen auf dem Alexanderplatz. Dieser große Sockel wartet geradezu darauf, neu gestaltet zu werden, als Denkmal der Friedlichen Revolution von 1989 und der deutschen Einheit. Der Berliner Philosoph Hegel hat mit dem Doppelsinn des Wortes „Aufheben" von Bewahren und Überwinden die Dialektik der Entwicklung verdeutlicht. In diesem doppelten Sinne sollten wir den historischen Sockel „aufheben". Indem wir den Sockel bewahren, stellen wir uns auf das Fundament der Bismarck'schen Reichseinheit. Indem ein neues Freiheits- und Einheitsdenkmal errichtet wird, wird der martialische Nationalismus überwunden und die demokratische Revolution vollendet. Kurzum, wir wollen viel Aufhebens machen um dieses neue Denkmal."

Am 13. Mai 1998 war ein öffentlicher Rundbrief der Initiatoren herausgegangen, der die historische Bedeutung der friedlichen Revolution würdigte:

„Mit der Öffnung der innerdeutschen Grenze endete ein Jahrhundert zweier Weltkriege und zweier auf Weltherrschaft gerichteter totalitärer Diktaturen. Die Wende brachte das Ende eines halben Jahrhunderts Teilung des Landes, seiner Hauptstadt, seiner Nation. Sie war zugleich ein europäisches Phänomen: Ohne den Prager Frühling, ohne Polens Solidarność, ohne Glasnost und ohne die Öffnung der ungarischen Grenzen hätte es die Wende nicht gegeben, ohne die zahllosen Opfer, die den Weg bereiteten, nicht die friedliche Revolution. Sie wäre aber auch ohne die westliche Entspannungspolitik nicht möglich gewesen. Was in der Revolution von 1848 noch misslang, wurde nach 1989 zum europäischen Ereignis: der Sieg der freiheitlichen, demokratischen und nationalen Bewegungen. Damit hat der Prozess der europäischen Einigung erst seine gesamteuropäische Dimension erhalten. In den jahrhundertealten religiösen und ideologischen Grabenkriegen Europas waren die Deutschen – in der Mitte des Kontinents von innerer Zerrissenheit und Ruhelosigkeit geprägt – Täter, aber auch Leidtragende. Mit der friedlichen Revolution, der Wiedervereinigung in Freiheit und der Anerkennung der Grenzen sind wir gleichberechtigte Partner in der Völkergemeinschaft geworden. Ein Freiheits- und Einheitsdenkmal der friedlichen Revolution wäre zugleich Überwindung und Vollendung: Überwindung eines martialischen Nationalismus und Vollendung der demokratischen Revolution von 1848. (…) Es wird auch um ein Denkmal der deutschen Einheit Streit geben. Die Unfähigkeit zu feiern und die Unfähigkeit zu trauern gehören zusammen. Sie können auch nur zusammen überwunden werden. Denkmäler der Schande und der Trauer, des Stolzes und der Freude sind notwendige Grundsteine des neuen Deutschlands und der neuen Bundeshauptstadt."

Bundestagsbeschluss am 9. November 2006

Im Jahre 2006 wurde die Denkmal-Initiative von der Deutschen Gesellschaft adoptiert, der es gelang, nach einer Reihe öffentlicher Veranstaltungen und Anhörungen den Deutschen Bundestag für die Denkmalidee zu gewinnen. Der Deutsche Bundestag fasste am 9. November 2007 den folgenden Beschluss:

„Die Bundesrepublik Deutschland errichtet in Erinnerung an die friedliche Revolution im Herbst 1989 und an die Wiedervereinigung der staatlichen Einheit Deutschlands ein Denkmal der Freiheit und Einheit Deutschlands, das zugleich die freiheitlichen Bewegungen und Einheitsbestrebungen der vergangenen Jahrhunderte in Erinnerung ruft und würdigt. Das Denkmal soll in der Mitte Berlins stehen."

Es sollte ein langer, windungsreicher Weg von der Gründung der Denkmal-Initiative im Jahr 1998 bis zum Baubeginn 2020 werden. Ich erinnere mich sehr gut, wie ganz am Anfang durch das Bauministerium die Vorbereitungen für die Umsetzung des Bundestagsbeschlusses und den Wettbewerb blockiert wurden. Es war Egon Bahr, der als Mitglied der Deutschen Gesellschaft sich persönlich für das Denkmal zu Ehren der „einzigen gelungenen deutschen Revolution" engagierte. Er wandte sich an Bauminister Wolfgang Tiefensee, der in Leipzig selbst als Bürgerrechtler an der friedlichen Revolution mitgewirkt hatte. Er beendete die Blockade.

Die Schlossfreiheit erinnert an 1948, 1918 und 1989

In den öffentlichen Debatten und Feuilletons wurde das Freiheits- und Einheitsdenkmal zu Ehren der Bürgerbewegung immer öfter verkürzt zu einem „Einheitsdenkmal". Ein Einheitsdenkmal aber gibt es doch schon, das Brandenburger Tor. Wozu ein weiteres? Und der Standort auf einem wilhelminischen Sockel? Warum nicht ein Einheitsdenkmal auf dem Platz der Republik vor dem Deutschen Bundestag?

Die Diskussion um Namen und Standort zeigte, wie wenig die im Beschluss des Bundestages genannten „freiheitlichen Bewegungen und Einheitsbestrebungen der vergangenen Jahrhunderte" in Erinnerung sind. Denn es gibt keinen Standort in Deutschland, der authentischer an die deutsche Demokratiegeschichte erinnert als die Schlossfreiheit in der Mitte Berlins. Die freien Wahlen in der

DDR am 18. März 1990 erinnerten absichtsvoll an den 18. März 1848. Es war der Höhepunkt der Paulskirchen-Revolution und Teil der europäischen Revolutionen von 1848/1849. An diesem Tag kam es rund um das Berliner Schloss zu Barrikadenkämpfen mit vielen Toten. „Hut ab!", schallte es dem König entgegen, als auf dem Schlossplatz die toten Revolutionäre aufgebahrt wurden. Es war der Anfang vom Ende der Monarchie in Deutschland. Das Berliner Schloss war auch Schauplatz der Novemberrevolution von 1918, als nach dem Krieg in ganz Europa die Adelsherrschaft endete. Zur Beisetzung der Opfer der Revolution zogen Tausende in einem Trauerzug über die Schlossfreiheit. Und 1989? Da zog der Demonstrationszug der friedlichen Revolution am 4. November erst über die Schlossfreiheit, bevor es weiterging zur Großkundgebung auf dem Alexanderplatz. Die Schlossfreiheit vor dem Palast der Republik, dem DDR-Außenministerium, dem Staatsratsgebäude und gegenüber dem ZK der SED in der Reichsbank – hier war das Machtzentrum der DDR. Wo, wenn nicht hier, ist der richtige Ort, um den Untergang der Diktatur und die einzige gelungene Revolution in Deutschland zu feiern?

„Bürger in Bewegung"

Erst in einem zweiten Wettbewerb fand im Jahr 2011 das Denkmal eine Gestalt. „Bürger in Bewegung" haben die Stuttgarter Milla und Partner ihren Siegerentwurf genannt, eine schwungvolle, begehbare Schale mit den Losungen der friedlichen Revolution als Inschrift: „Wir sind das Volk" und „Wir sind ein Volk". Besucher in größerer Zahl können gemeinsam die Schale in Bewegung setzen und so demonstrieren, was „Bürger in Bewegung" bewirken können. Eine neue Form von Denkmal, nicht einschüchternd, sondern einladend, begehbar wie die Kup-

„Bürger in Bewegung", Freiheits- und Einheitsdenkmal auf der Berliner Schlossfreiheit – Sieger im Wettbewerb 2011 Milla und Partner mit Sasha Waltz, Baubeginn 2020

pel auf dem Reichstag oder das Stelenfeld des Holocaust-Mahnmals.

Als nach schwierigen Genehmigungsverfahren, Einwänden der Denkmalpflege und Rücksicht auf Fledermäuse im Sockelgewölbe die Planungen endlich abgeschlossen werden konnten, da legte plötzlich der Haushaltsausschuss des Bundestages sein Veto ein. Mir hatte bereits nichts Gutes geschwant, als Wilhelm von Boddien, der Förderer des Schloss-Wiederaufbaus, mir während einer Feier der Deutschen Gesellschaft zuraunte: „Es gibt jetzt eine bessere Lösung für den Sockel auf der Schlossfreiheit." Es waren die Vorsitzenden des Haushaltsausschusses Johannes Kahrs und Rüdiger Kruse, beide Hamburger wie Boddien, die mit den im Laufe der Jahre gestiegenen Baukosten den Baustopp begründeten: elf Millionen Euro. Wenige Monate später aber präsentierten die selbstherrlichen Haushälter einen Alternativvorschlag: die Rekonstruktion der Kolonnaden des Kaiser-Wilhelm-Denkmals. Für 18 Millionen Euro! Nach heftiger öffentlicher Debatte, in der die Preisrichter im Denkmalwettbewerb Wolfgang Thierse und Günter Nooke sich empört zu Wort meldeten und zusammen mit Günter Jeschonnek, Michael Donnermeyer und anderen Unterstützern sich in einer erneuten Denkmal-Initiative für das Denkmal einsetzten, bekräftigte der Bundestag am 1. Juni 2017 seinen Beschluss zum Bau des Denkmals nach dem Entwurf von Milla und Partner mit den Stimmen der Regierungsfraktionen und von Bündnis 90/Die Grünen, gegen die Stimmen der Linksfraktion.

Am 28. Mai 2020 war dann tatsächlich feierlicher erster Spatenstich, ein Baubeginn fast auf den Tag 22 Jahre nach Brief und Aufruf an Bundestagspräsidentin Rita Süssmuth. Nach den Denkmalschützern hatten auch die Naturschützer eingelenkt. Die Fledermäuse waren im heiteren Frühling dem Gewölbekeller entflattert.

Christoph Stölzl, ehemals Direktor des Deutschen Historischen Museums und Berliner Kultursenator, von der zweifelnden Kulturstaatsministerin Monika Grütters als Gutachter zum Denkmalstreit befragt, sprach aus Erfahrung: „Wenn es erst einmal steht, dann finden es alle gut."

Kapitel 30

DAS SYMBOLISCHE BILD DER BERLINER REPUBLIK

Es wird in Deutschland über nichts so sehr gestritten wie über Denkmäler im öffentlichen Raum. Nur eines ist unumstritten, das ist das Brandenburger Tor. Eher ein Überlebenszeichen als ein Triumphbogen, hat es Krieg und Völkermord, Mauerbau und Teilung überlebt. Missbraucht durch Fackelzüge unter Hakenkreuzen, jahrzehntelang eingesperrt im Todesstreifen, ist es heute wieder das Nationaldenkmal der Deutschen, ein Symbol der Einheit und des Glücks der Wiedervereinigung. Erst als Weihnachten 1989 auch das Brandenburger Tor sich öffnete, da war die Mauer endgültig gefallen. Das unvergessliche Bild der Einheitsfeier am 3. Oktober 1990 – es wiederholt sich Jahr für Jahr, wenn an Silvester über dem Brandenburger Tor ein sprühendes Himmelsfeuerwerk gezündet wird, ausgestrahlt in alle Welt. Die Nationalmannschaft nach dem Sieg bei der Fußballweltmeisterschaft – wo anders hätte sie gefeiert werden sollen als hier vor dem Brandenburger Tor.

Brandenburger Tor

Brandenburger Tor

Der Portikus auf dorischen Säulen ist ein Triumphtor edler, stiller Größe. 1789 als Friedenstor und Eingang zur Prachtstraße Unter den Linden errichtet, folgt das frühklassizistische Meisterwerk des Architekten Carl Gotthard Langhans dem Vorbild der Propyläen, dem Tor zur Athener Akropolis. Der Bildhauer Johann Gottfried Schadow krönte es mit der Quadriga und einer Viktoria mit Speer und Siegeszeichen aus Adler und Eichenkranz, darin Karl Friedrich Schinkels Eisernes Kreuz der Befreiungskriege. Gemeinsam mit Schinkels Altem Museum auf der Museumsinsel und der Neuen Wache Unter den Linden hat das Brandenburger Tor Bild und Geist Spree-Athens geprägt, eine Tradition klassischer Aufklärung und Rationalität, die im Kulturforum des modernen Berlins in der Neuen Nationalgalerie, Ludwig Mies van der Rohes Tempel aus Stahl und Glas, fortlebt.

„Welthauptstadt Germania"

Im Spreebogen vor Brandenburger Tor und Reichstag plante vor acht Jahrzehnten der Größenwahn in antikisierendem Kolossalkitsch das Zentrum einer „Welthauptstadt Germania", in der Mitte eine gigantische „Siegeshalle" aus Granit und Mar-

Blick durch Albert Speers Triumphbogen auf die Große Halle, Modellfoto

Plan der DDR-Staatsachse

mor für 150.000 Menschen, auf der gewaltigen Kuppel ein Globus in den Krallen eines Adlers. Hinführen zur „Großen Halle" sollten eine 120 Meter breite Monumentalachse und ein 117 Meter hoher und 170 Meter breiter Triumphbogen. Dieser sollte mehr als doppelt so hoch werden wie der Arc de Triomphe in Paris, sechsmal so hoch wie das Brandenburger Tor. „Der Führer" selbst hatte ihn gezeichnet.

Berlin – Hauptstadt der DDR

Der Weltkrieg hinterließ ein um ein Viertel geschrumpftes und in zwei feindliche Lager geteiltes Deutschland. Unter der Schirmherrschaft der Westmächte schlug die Bundesrepublik in der provisorischen Hauptstadt Bonn ihre bescheidenen Zelte auf. Im Osten versuchte die DDR unter sowjetischer Oberherrschaft, sich auf Dauer als eigener Staat zu etablieren. Trotz Viermächtestatus Berlins sollte in Ostberlin als „Berlin – Hauptstadt der DDR" eine neue sozialistische Staatsachse der Deutschen Demokratischen Republik repräsentative Legitimation verleihen.

Die ehemalige Reichsbank erhielt das Parteiabzeichen. Von hier, vom Sitz des ZK der Einheitspartei SED, ging die gesamte Macht des Staates aus. Das neue Staatsratsgebäude mit der Reliquie des Schlossportals, von der Karl Liebknecht 1918 die „freie sozialistische Republik" ausgerufen hatte, sollte die unfreie Deutsche Demokratische Republik als Staat repräsentieren.

Schinkels Bauakademie musste der Hochhausscheibe des DDR-Außenministeriums weichen. Das Berliner Schloss, als kurfürstliches Renaissanceschloss und als königliches und kaiserliches Barockschloss fünf Jahrhunderte Mittelpunkt Berlins, wurde gesprengt, um Platz für Massenaufmärsche zu schaffen. Quer zur historischen Stadtkomposition entstand später an seiner statt unter Erhalt des Aufmarschplatzes der Palast der Republik, ein moderner Fest- und Veranstaltungspalast. Hinter der mit großem Staatswappen gezierten Fassade aus braun getöntem Glas tagte auch die unfrei gewählte Volkskammer. Die kriegsversehrte Altstadt war für eine Grünanlage geräumt worden. Zwischen Palast der Republik und Alexanderplatz bildete das Marx-Engels-Forum mit seinem Denkmal den zivilreligiösen Mittelpunkt. Höhepunkt der Staatsachse der Fernsehturm, weithin sichtbarer moderner Obelisk, mit glänzender Sputnik-Kugel „der Zukunft zugewandt".

Aus dem unschuldigen Bonn in die Stadt mit Vergangenheit

Mit der staatlichen Anerkennung der DDR hatte die Bundesrepublik begonnen, sich in Bonn auf Dauer als Hauptstadt einzurichten, mit modernen Bundestags- und Regierungsbauten, mit einer Bundeskunsthalle und einem Haus der Geschichte. Doch gerade als sie sich anschickte, in den Rheinauen auch ein neues großes, gläsern transparentes Parlament zu errichten, da fiel die Mauer in Berlin.

Nur mit äußerst knapper Mehrheit beschloss der Bundestag den Umzug aus dem unschuldigen Bonn in die Stadt mit Vergangenheit. Sollte man in die Regierungsbauten zweier Diktaturen ziehen, der Bundestag in den wilhelminischen Reichstag? Erst nach langem Zögern wurde beschlossen, die Regierungsbauten als Zeugnisse der Geschichte zu erhalten, in neuem Geiste umzugestalten und weiterhin zu nutzen.

Das Band des Bundes

Es ist Christos spektakuläre Kunstaktion, die silbern glänzende Verhüllung des Reichstags, die eine erwartungsfrohe Aufbruchstimmung weckt und in einem öffentlichen Volksfest auf dem Platz der Republik zum Auftakt des Wiederaufbaus der alten Hauptstadt zur Bundeshauptstadt wird. Heute schlägt ein „Band des Bundes" aus Kanzleramt und Bundestagsbauten eine Brücke über die Spree und verbindet symbolisch Ost und West. Inmitten der weiten Parklandschaft des Spreebogens und des Tiergartens ist mit großen alten und neuen Staatsbauten ein neues Parlaments- und Regierungsviertel entstanden, die repräsentative Staatsmitte der Berliner Republik. Nicht weit residiert im Tiergarten im Schloss Bellevue der Bundespräsident. Vor dem Reichstag warten in langer Schlange die Besucher, die hinauf zur neuen gläsernen und begehbaren Kuppel drängen, die zum Symbol der Berliner Republik geworden ist. Von dort geht der Blick hinunter in den modernen Plenarsaal des Bundestages und hinaus über die neue und die alte Mitte der Hauptstadt, Dreh- und Angelpunkt das Brandenburger Tor.

Heitere Monumentalität

Der gründerzeitliche Reichstag erzählt in seiner steinernen Pracht unter der lichten Kuppel von der Geschichte der parlamentarischen Demokratie, von ihrer Schändung und ihrer Wiederauferstehung. Gegenüber dem Reichstag, jetzt Sitz des Bundestages, erhebt sich in Gestalt eines modernen Schlosses mit Ehrenhof und abstrakter Säulenfassade das Kanzleramt in neuer Souveränität und politischer Verantwortung. Die mit schlanken Säulen hoch aufragenden, eine Brücke über die Spree schlagenden Parlamentsbauten strahlen in ihrer weißen gläsernen Architektur Modernität und Offenheit aus, Zuversicht und Würde. Es herrscht heitere Monumentalität im politischen Machtzentrum der Berliner Republik.

Parlamentsviertel mit Reichstag und Elisabeth-Lüders-Haus

Der Platz der Republik vor dem Reichstag ist ein Ort mit eigener Aura. Es ist der Ort einer neuen deutschen Identität, eines demokratischen, republikanischen Patriotismus. Es ist der Ort der großen historischen Feier der Wiedervereinigung, der Ort eines Deutschlands, das wieder ein angesehenes Mitglied der Völkergemeinschaft ist, von niemandem gefürchtet, in einvernehmlichen Grenzen mit seinen Nachbarn. Inmitten ihrer Hauptstadt vergewissern sich die Deutschen ihrer selbst, erfreuen sich der Gegenwart und fassen Mut in der Hoffnung auf eine gute europäische Zukunft. Wenn etwas fehlt, um dieser Stimmung in einem Symbol Ausdruck zu verleihen, dann wäre es inmitten des Platzes der Republik ein großes bewegtes Wasserspiel aus freudesprühenden Fontänen!

Unter den Linden

Gen Osten haben die Linden durch die Wiedererrichtung des Schlosses als Humboldt Forum ihren Fluchtpunkt zurückerhalten. Die Linden sind die historische Feststraße der Republik, ein feiertäglicher Boulevard mit Botschaften, Repräsentanzen, Kultur- und Wissenspalästen. Aus der Vogelperspektive zeigt die historische Mitte ihre erneuerte Kuppellandschaft: die Reichstagskuppel, die Schlosskuppel, die hohe Kuppel des Berliner Doms, das grüne Kupferdach der St. Hedwig-Kathedrale und in der Ferne die goldene Kuppel der Neuen Synagoge. Unter den Linden erinnern Denkmäler und Gedenkstätten an die Geschichte Berlins: Friedrich der Große hoch zu Ross, die Humboldt-Brüder vor der Universität, unter dem Bebelplatz das Mahnmal der Bücherverbrennung; die Neue Wache, zentrale Gedenkstätte für die Opfer von Krieg und Gewaltherrschaft, gegenüber die Statuen der preußischen Reformgeneräle der Befreiungskriege.

Vor dem Eosanderportal des Schlosses, auf dem Sockel des Kaiser-Wilhelm-Nationaldenkmals zur deutschen Einheit von 1871, das 1950 in Kisten mit kyrillischen Buchstaben verschwand, wird künftig ein Freiheits- und Einheitsdenkmal an die friedliche Revolution von 1989 erinnern. Es ehrt und feiert im ehemaligen Machtzentrum der DDR in Gestalt einer großen schwingenden Schale mit

Reichstagskuppel von innen

Freiheits- und Einheitsdenkmal vor Schlossfassade, Simulation (Nachtansicht)

der Inschrift „Wir sind das Volk. Wir sind ein Volk" die Menschen, die mit Mut und aufrechtem Gang in einer erfolgreichen demokratischen Revolution ein Unrechtsregime stürzten.

Ein symbolträchtiger Straßenzug

Schwenkt der Blick vom Dach des Reichstags gen Westen, präsentiert sich vor dem Brandenburger Tor das neue Parlaments- und Regierungsviertel inmitten einer freien grünen Parklandschaft aus Tiergarten und Spreebogenpark. Große Verkehrsstränge sind unter die Erde verlegt. Statt einer gewaltsam in die Stadt gehauenen, martialischen Nord-Süd Achse führt ein ziviler Straßenzug nach Süden, nach Friedrich Ebert und Gustav Stresemann benannt. Er reicht vom Platz der Republik, dem Platz des 18. März und dem Pariser Platz am Brandenburger Tor über Potsdamer und Leipziger Platz bis zum Askanischen Platz. Es ist die neue symbolische Achse der Berliner Republik mit wichtigen staatlichen Institutionen und Verfassungsorganen wie den

Vertretungen der Bundesländer „In den Ministergärten", dem Bundesrat im ehemaligen Preußischen Herrenhaus am Leipziger Platz, dem Berliner Abgeordnetenhaus im ehemaligen Preußischen Landtag und dem Bundesumwelt- und Bundeswirtschaftsministerium an der Stresemannstraße. In ihrer Mitte der wieder pulsierende Potsdamer Platz mit markanten Hochhäusern über Resten der Berliner Mauer.

Eine andere Tradition des Gedenkens

Vom Brandenburger Tor im Blick nach Westen erinnern an der Straße des 17. Juni das Sowjetische Ehrenmal und die Siegessäule am Großen Stern in der Tradition von Sieger- und Kriegerdenkmälern an große militärische Siege – die Siegessäule mit Kanonen aus dem deutsch-französischen Krieg, das Ehrenmal mit einem triumphierenden Sowjetsoldaten, gerahmt von Panzern und Geschützen, mit denen Berlin erobert und befreit wurde.

Die Berliner Republik hat eine andere Tradition des Erinnerns begründet. Ebert- und Stresemannstraße werden begleitet von Gedenkorten an die jüngste dunkle Vergangenheit. In der Nachbarschaft des Brandenburger Tors ist im Gedenken an die ermordeten Juden Europas das Stelenfeld des Holocaust-Mahnmals errichtet worden, im Tiergarten Denkmäler für die Sinti und Roma sowie für die verfolgten Homosexuellen. Es sind bleibende Zeugnisse und öffentliche Bekenntnisse zur historischen Schuld und Verantwortung von Staat und Gesellschaft.

Die Überwindung der Unfähigkeit zu trauern

Die Entwicklung der neuen staatsbürgerlichen Mitte Berlins mit ihren Parlaments- und Regierungsbauten und Gedenkorten folgt nicht einem großen Plan. Doch planlos ist sie nicht. Sie wird geleitet von der inneren Logik der städtebaulichen Entwicklung der Hauptstadt und der sie Schritt für Schritt begleitenden Auseinandersetzung mit der jüngsten Geschichte. So ist rund um das Brandenburger Tor der Schwerpunkt des Gedenkens an Verfolgte und Ermordete entstanden. Der Anstoß für das Holocaust-Mahnmal erfolgte in den späten 1980er Jahren, einer Zeit, in der nach langen stummen Nachkriegsjahren die öffentliche Erinnerung erwachte und die Unfähigkeit zu trauern und zu gedenken überwunden wurde. Es war eine schwere Geburt. Aber geboren wurde ein anderes Deutschland mit einem neuen Selbstbild und neuer Selbstgewissheit. Es stellte sich mit Scham, Mitgefühl und Trauer dem Entsetzlichen und öffnete sein Herz.

Vernichtungskriege im Osten

Erst um die Jahrtausendwende richtete sich zum ersten Mal der öffentliche Blick auch auf den Zweiten Weltkrieg und dessen unzählige militärische und zivile Opfer. Es war die vielerorts gezeigte „Wehrmachtsausstellung", die den Blick auf die Kriegsführung im Osten lenkte. Sie brach ein Tabu, als sie die Kriegsverbrechen der Wehrmacht in dem 1941 begonnenen deutschen Vernichtungskrieg gegen die Sowjetunion öffentlich dokumentierte. Dieser Krieg, in dem auf sowjetischer Seite 27 Millionen Menschen ihr Leben verloren, steht wegen seiner schrecklichen Dimension und seiner Kriegs- und Nachkriegsbedeutung im Mittelpunkt des öffentlichen Gedächtnisses. In und um Berlin erinnern daran eine Vielzahl von Gedenkstätten, insbesondere die zentralen monumentalen Ehrenmale im Treptower Park und im Tiergarten.

Tatsächlich begann der Zweite Weltkrieg bereits am 1. September 1939 mit dem deutschen Überfall auf Polen, dem ersten Vernichtungsfeldzug des Zweiten Weltkriegs, gefolgt von einer barbarischen Besetzung unseres Nachbarlandes von 1939 bis 1945.

Weltkriegsruine des Anhalter Bahnhofs

Der Askanische Platz – Platz des 1. September

Südlich des Potsdamer Platzes hat sich um den Askanischen Platz ein neuer Schwerpunkt des Gedenkens entwickelt. Dessen Wahrzeichen ist die aufragende Weltkriegsruine des ehemaligen Anhalter Bahnhofs. Sie ist als Ruine Sinnbild der Zerstörungen des Zweiten Weltkriegs, als Bahnhof ein Symbol für Exil, Verschleppung und Transport in die Konzentrations- und Vernichtungslager. In der Nachbarschaft dokumentiert die Topographie des Terrors die NS-Schreckensherrschaft. Am Askanischen Platz selbst wurde 2021 im Deutschlandhaus das Dokumentationszentrum Flucht, Vertreibung, Versöhnung eröffnet, gewidmet den im und nach dem Krieg aus ihrer Heimat Geflüchteten und Vertriebenen. Auf dem Gelände des ehemaligen Anhalter Bahnhofs plant eine bürgerschaftliche Kulturinitiative ein Exilmuseum, das an die vielen erinnern soll, die, ihren Überzeugungen treu, dem Ungeist den Rücken kehrten. In dem mächtigen grauen Hochbunker des Anhalter

Bahnhofs zieht ein Museum zur jüngsten Geschichte viele Besucher an. Der Askanische Platz mit der Kriegsruine des Anhalter Bahnhofs könnte als Platz des 1. September zum Ort des Gedenkens an den Überfall auf Polen und den Ausbruch des Zweiten Weltkriegs werden.

Der Schauer der Authentizität
Es ist die Geschichtlichkeit der deutschen Hauptstadt, die Besucher aus aller Welt nach Berlin zieht, und die Authentizität der Orte, von denen Krieg und Völkermord ausgingen. Es ist die aufklärende und erschütternd nüchterne Dokumentation des NS-Terrors der Topographie des Terrors, die jährlich über eine Million Besucher an den Ort des Schreckens führt, der von der Wilhelmstraße 102 ausging, Prinz-Albrecht-Palais, Sitz von Gestapo, SS und Reichssicherheitshauptamt. Auch wenn der Besucher in dem verwilderten Gelände nur noch Ruinenreste der Terrorzentrale entdeckt, ist es doch ein stummer Schauer, der wohl jeden Besucher befällt. Von dem Gebäude gegenüber, Wilhelmstraße 97, heute Bundesfinanzministerium, einst Herrmann Görings Reichsluftfahrtministerium, ging der Bombenkrieg aus und am 1. September 1939 das erste Kriegsverbrechen: die Zerstörung der polnischen Kleinstadt Wieluń durch Stukas mit über 1.000 Toten. Von der Wilhelmstraße 49 aus, einst Propagandaministerium, heute Bundesarbeitsministerium, hetzte Joseph Goebbels gegen Juden und propagierte den totalen Krieg. Nicht zuletzt ist es die Ecke Wilhelmstraße/ Voßstraße, die einen innehalten lässt: Nur eine Tafel erinnert an die hier von Albert Speer errichtete monumentale Neue Reichskanzlei Adolf Hitlers und an dessen schmähliches Ende im Führerbunker. Der sowjetische Außenminister Molotow, am 13. November 1940 am Anhalter Bahnhof mit militärischen Ehren begrüßt, wurde vom Askanischen Platz hierher eskortiert zu einer Unterredung mit dem

„Führer", in der es um die Aufteilung Polens und Osteuropas ging, bevor 1941 die Wehrmacht auch in die Sowjetunion einmarschierte.

Eine Sternstunde der Demokratiegeschichte

Es ist aber auch die glückliche Geschichte der neueren Zeit, die Berlin zum Anziehungspunkt für einheimische und auswärtige Besucher macht. Es ist der Fall der Berliner Mauer, Symbol eines Epochenwechsels, des Glücks der Wiedervereinigung Deutschlands und Europas, des Endes des Kalten Krieges und der Nachkriegszeit. Das geteilte und von Besatzungsmächten beherrschte Berlin war für Jahrzehnte das Krisenzentrum, in dem die politischen Systeme von Ost und West hart aufeinanderstießen. Ob Checkpoint Charly und Alliiertenmuseum, Stasi-Zentrale, Mauergedenkstätte und Eastside-Gallery, Stalinallee und Marx-Engels-Forum, Ku'damm und Kulturforum, Alexanderplatz mit Fernsehturm und Weltzeituhr, Gedächtniskirche mit Europa-Center und Wasserklops – die Spuren und baulichen Zeugnisse dieser jetzt schon wieder vergangenen Zeit, sie locken wissbegierige Besucher von überall her in den Osten und den Westen der Stadt.

Das Freiheits- und Einheitsdenkmal auf der Berliner Schlossfreiheit feiert den Mut der Bürgerbewegung der DDR und den Erfolg der friedlichen Revolution. Es ist das erste nationale Denkmal der Berliner Republik, das dem gemeinsamen Glück aller Deutschen gewidmet ist – ein Freudenmal. „Wir sind das Volk. Wir sind ein Volk" ist die mittlerweile historische Losung der friedlichen Revolution. Als Aufruf zu Demokratie und zu gesellschaftlichem Zusammenhalt weist sie über 1989 hinaus in die Gegenwart und Zukunft.

In seinem Denkmal-Beschluss vom 9. November 2007 würdigte der Bundestag die friedliche Revolution als Teil der historischen Freiheits- und Einheitsgeschichte der Deutschen. Dieser Blick, der sich über den Abgrund der jüngsten Vergangenheit hinaus auf die ganze deutsche Geschichte richtet, war neu. In seiner Rede zum 30. Jahrestag der Deutschen Einheit am 3. Oktober 2020 nahm Bundespräsident Walter Steinmeier diesen Faden auf und sprach von „einer Sternstunde, die auf ewig Platz in unserer deutschen Demokratiegeschichte hat". „Aber bräuchten wir nicht", so der Bundespräsident, „einen herausgehobenen Ort, mehr als ein Denkmal, der an die wirkmächtigen Freiheits- und Einheitsimpulse der friedlichen Revolution erinnert?"

Paulskirche und Nikolaikirche

Polen hat es vorgemacht. Der Gewerkschaft Solidarność, Wegbereiterin demokratischer Erhebungen in ganz Mittel- und Osteuropa, wurden in Danzig ein Denkmal an der früheren Lenin-Werft und ein Museum errichtet, das Europäische Zentrum der Solidarność. Die Ukraine plant, in Kiew oberhalb des Maidans, des Platzes der Unabhängigkeit, an die Orangene Revolution zu erinnern. Entworfen hat der Berliner Architekt Jan Kleihues das „Museum der Revolution der Würde". Sind die Deutschen nicht in der Lage, sich ihrer Würde zu erinnern, die die Bürger der DDR in der friedlichen Revolution bewiesen haben? Es gibt auch in Deutschland eine Stadt, die einen zentralen Gedenkort der Demokratie verdient. Es ist die Stadt, in der es mit Friedensgebeten in der Nikolaikirche begann, in der sich am 9. Oktober 1989 sich schließlich 70.000 Menschen gewaltlos der Gewalt entgegenstellten, die Gewaltherrschaft erschütterten und den Durchbruch zu Freiheit und Demokratie bewirkten. Es ist die „Heldenstadt" Leipzig. Der Deutsche Bundestag hat deshalb auch für Leipzig ein Freiheits- und Einheitsdenkmal beschlossen. Aber sollte es nicht – „mehr als ein Denkmal" – auch ein historisches Museum sein, das heutigen und künftigen Generationen von der friedlichen Revolution berichtet, von dem langen historischen Weg der Deutschen zu Freiheit und Einheit und von der europäischen Dimension dieser Geschichte der Demokratie? Ein Europäisches Zentrum der friedlichen Revolution?

In Deutschland gibt es zwei Städte, die es verdienen, hervorgehoben zu werden, weil sie in besonderer Weise Demokratiegeschichte geschrieben haben. Es ist die freie Stadt Frankfurt am Main, wo in der am Ende gescheiterten 1848er Revolution die erste demokratisch gewählte Nationalversammlung die „Grundrechte des deutschen Volkes" beschloss, und es ist Leipzig, die Stadt der erfolgreichen friedlichen Revolution von 1989. Frankfurt und Leipzig, heute zentral im Osten und Westen der Republik gelegen, sind seit eh und je Zwillingsstädte, bürgerliche Verkehrs- und Handelsstädte, Messe-, Universitäts- und Buchstädte. Und es sind zwei ihrer historischen Kirchen, die zu Symbolen der Demokratie geworden sind, die Frankfurter Paulskirche und die Leipziger Nikolaikirche.

Kapitel 31

BARTOSZEWSKIS LETZTER WUNSCH
Ein Polen-Denkmal in Berlin

„Sie trennten dich von Träumen, Sohn, die wie ein Falter zittern
Sie malten eine Landschaft dir aus Bränden und Gewittern,
Sie strickten feuchte Augen dir, mein Sohn, die rot verbluten,
Und mit Gehängten säumten sie den Fluss der grünen Fluten."

„Elegie von einem polnischen Jungen"
von Krzystof Kamil Baczynski, eines im Alter von 23 Jahren
im Warschauer Aufstand gefallenen Dichters

Es war ein häufig geäußerter letzter Wunsch Władysław Bartoszewskis: ein Denkmal in der Mitte Berlins für die Opfer der deutschen Besatzung Polens 1939–1945. Er selbst war in Auschwitz inhaftiert, wirkte dann mit bei der Rettung von Juden und nahm 1944 teil am Warschauer Aufstand. Nach dem Krieg arbeitete er als Historiker und Publizist, verbrachte aber als kritischer Journalist insgesamt sechs Jahre in kommunistischen Gefängnissen. Als Mitglied der Solidarność wurde er unter dem Kriegsrecht 1982 erneut verhaftet. In der frei gewählten polnischen Regierung aber wurde er Außenminister und warb in seinen letzten Jahren für die deutsch-polnische Versöhnung.

Der Aufruf

Es begann mit einem Anruf meines Sohnes Leo aus Warschau. Er lebt und arbeitet dort. Aus den deutsch-polnischen sozialen Netzwerken wusste er von Bartoszewskis Wunsch und entsprechenden Bestrebungen. „Papa, hast du eine Idee, wo ein solches Denkmal stehen könnte?" Ich musste nicht lange überlegen: Der Askanische Platz wäre ein geeigneter Ort in der Mitte der Hauptstadt, vor dem Hintergrund der Weltkriegsruine des Anhalter Bahnhofs, gegenüber dem Zentrum Flucht, Vertreibung, Versöhnung und unweit der Topographie des Terrors. Der Vorschlag machte seine Runde. Ein Jahr später erhielt ich einen Anruf aus dem Auswärtigen Amt. „Ich rufe an als Bürger, nicht als Beamter. Ihr Vorschlag findet Anklang. Was nun? Es muss jemand einen Aufruf schreiben." Ich selbst bin kein Historiker und Polen-Kenner. Doch mein Sohn drängte mich: „Komm, du kannst das. Du hast doch schon mal einen Denkmal-Aufruf geschrieben." Unter der Bedingung, dass Leo mir half, auch bei der Verbreitung, versuchte ich es.

AUFRUF
An den Deutschen Bundestag und die deutsche Öffentlichkeit
Ein Polen-Denkmal in der Mitte Berlins zum Gedenken an die Opfer der deutschen Besatzung Polens 1939–1945

Es gibt kaum eine polnische Familie, die nicht betroffen war und ist von der deutschen Besatzungsherrschaft von 1939–1945. In Deutschland ist dieses barbarische Unrecht nur unzureichend bekannt. Auf den Geheimpakt mit der Sowjetunion zur Aufteilung Polens am 23. August 1939 folgte am 1. September der deutsche Überfall auf Polen. Er war von massiven Kriegsverbrechen begleitet, Massenerschießungen von Kriegsgefangenen und Zivilisten, gezielte Ermordung Zehntausender der polnischen Eliten durch Einsatzkommandos der Polizei und SS, Zerstörung Hunderter polnischer Städte und Dörfer durch die deutsche Wehrmacht. Millionen polnischer Frauen und Männer wurden zur Zwangsarbeit ins Deutsche Reich verschleppt. In deutschen

Vernichtungslagern auf polnischem Boden wurden Millionen Juden ermordet, davon drei Millionen polnische Staatsbürger. Weitere drei Millionen nichtjüdischer Polen wurden ebenfalls Opfer deutscher Verbrechen. Vor dem Rückzug der deutschen Truppen 1944/45 wurde die Hauptstadt Warschau dem Erdboden gleichgemacht.

Verdienen diese unsäglich großen Opfer, Leiden und Erniedrigungen der Polen durch die verbrecherische deutsche Besatzung nicht ein eigenes Zeichen des Gedenkens in der Mitte unserer Hauptstadt? Ein Denkmal für die polnischen Opfer der deutschen Besatzung 1939–1945 ist seit langem ein gemeinsames Anliegen vieler sich um Verständigung und Versöhnung bemühender Deutscher und Polen. Es war ein Herzensanliegen Władysław Bartoszewskis, des 2015 verstorbenen Auschwitz-Überlebenden und Schirmherrn deutsch-polnischer Versöhnung. Erst jüngst hat in Berlin der Kabinettschef des polnischen Präsidenten einen Ort vermisst, um einen Kranz niederzulegen. Das von der DDR in Friedrichshain errichtete „Denkmal des polnischen Soldaten und des deutschen Antifaschisten" entspricht in seiner künstlerischen und politischen Aussage diesem Anliegen nicht.

Gegenüber dem künftigen Dokumentationszentrum der Bundesstiftung Flucht, Vertreibung, Versöhnung im Deutschlandhaus am Askanischen Platz befindet sich eine öffentliche Grünfläche, die sich für die Errichtung eines Polen-Denkmals in besonderer Weise eignet. Sie bietet Platz für ein in die Höhe strebendes, weithin sichtbares Gedenkzeichen in der politisch-symbolischen Mitte der deutschen Hauptstadt. Diese reicht vom Reichstag mit dem Sowjetischen Ehrenmal zum Brandenburger Tor mit dem Holocaust-Mahnmal und den Opferdenkmälern im Tiergarten, von den Vertretungen der Bundesländer zu den Mauer-Resten am Potsdamer Platz, vom Bundesrat am Leipziger Platz zum Abgeordnetenhaus, schließlich zur Topographie des Terrors und dem Askanischen Platz mit der Kriegsruine des Anhalter Bahnhofs und dem Dokumentationszentrum der deutschen, polni-

schen und europäischen Geschichte von Flucht und Vertreibung und deren Ursachen und Folgen.
Mit einem würdigen Polen-Denkmal am Askanischen Platz würde ein deutsch-polnisches Zeichen gesetzt, das Krieg, Vernichtung, Flucht, Vertreibung und Versöhnung in den untrennbaren Zusammenhang von Ursache und Wirkung stellt. So kann auch der Streit um das Dokumentationszentrum beendet werden als Voraussetzung einer fruchtbaren Zusammenarbeit zwischen Deutschen und Polen in der historischen Aufarbeitung des Krieges und seiner Folgen.
Das Ziel einer deutsch-polnischen Aussöhnung vergleichbar der gelungenen deutsch-französischen Freundschaft bleibt bisher unerreicht. Frankreich wurde selbst von der NS-Diktatur noch als Nation respektiert. Polen sollte als Nation vernichtet werden. Nur wenn das nicht vergessen und unser zweiter großer Nachbar Polen heute als Nation in seiner ganzen Würde und Freiheit geachtet wird, kann aus Nachbarschaft Freundschaft werden.
Dem gilt es ein Zeichen zu setzen.

Berlin, 15. November 2017

Der über Internet-Kontakte verbreitete Aufruf fand bald viele namhafte Unterzeichner aus der Mitte der deutschen Gesellschaft. Am 15. November 2017 wurde der Aufruf gemeinsam mit den ehemaligen Bundestagspräsidenten Rita Süssmuth und Wolfgang Thierse, dem Direktor der Topographie des Terrors Andreas Nachama und dem Direktor des Deutschen Polen-Instituts Dieter Bingen in der Bundespressekonferenz der Öffentlichkeit vorgestellt und an alle Fraktionen des Deutschen Bundestags versandt.

Das Echo
Der erste Zeitungsbericht erschien in der polnischen *Gazeta Wyborcza*. Er war illustriert mit einem histori-

Empfang des sowjetischen Außenministers Molotow am Anhalter Bahnhof, 12. November 1940 – Gazeta Wyborcza Warschau, 7. November 2017

schen Foto vom Anhalter Bahnhof, das den sowjetischen Außenminister Molotow am 12. November 1940 beim militärischen Empfang durch den deutschen Außenminister Ribbentrop zeigt. In deutschen und polnischen Medien sorgte der Aufruf für Aufmerksamkeit und eröffnete eine Debatte um die deutsch-polnische Erinnerungskultur. Es ging um die besondere Rolle Polens als erstes Opfer des deutschen Angriffskriegs im Osten, dessen Ziel der Vernichtung Polens als Nation und Staat und auch um die besondere tausendjährige deutsch-polnische Nachbarschaft im Guten wie im Bösen. Es folgten eine Reihe öffentlicher Veranstaltungen, an denen Wissenschaftler, Journalisten und Politiker aus Deutschland und Polen teilnahmen, sowie Diskussionsrunden mit Abgeordneten des Deutschen Bundestags. Zum 75. Jahrestag des Warschauer Aufstands erschien am 1. August 2019 in der *Frankfurter Allgemeinen Zeitung* unter „Fremde Federn" der folgende Beitrag:

Für Opfer und Helden –
ein Polen-Denkmal in der Mitte Berlins

Wer kennt nicht die Szene aus „Casablanca", in der „Die Wacht am Rhein" grölenden Nazi-Offizieren die Marseillaise entgegengeschmettert wird. Wir wissen vom Mut der französischen Resistance, aber was wissen wir von den Helden des polnischen Widerstands?

Wie die Resistance in Frankreich ist die polnische Heimatarmee – die größte militärische Widerstandsorganisation im besetzten Europa – der Stolz der Polen. Dass es Antisemitismus gab, Kollaboration und Bereicherung durch Mittäter und Verräter, wissen auch die Polen. Niemand wird mehr verachtet als die „Schmalzowniks", an der Judenverfolgung beteiligte Schutz- und Schmiergelderpresser.

Wer in Deutschland aber kennt Jan Karski, Diplomat und Offizier der polnischen Heimatarmee, der sich 1942/43 in ein Sammellager einschleusen lässt und Augenzeuge einer Deportation in das Vernichtungslager Bełzec wird. Mit Hilfe jüdischer Widerstandskämpfer gelangt er ins Warschauer Ghetto, sieht Elend, Hunger und Tod mit eigenen Augen. Doch als er 1943 in den USA selbst Präsident Roosevelt persönlich seine Erlebnisse schildert, wird ihm nicht geglaubt.

Wer kennt den Offizier Witold Pilecki, der freiwillig ins KZ Auschwitz geht, um Widerstand zu organisieren? Bereits 1940 informiert er die westlichen Alliierten über die Gräueltaten. Nach seiner Flucht nimmt er 1944 am Warschauer Aufstand teil. 1948 wird er durch das von den Sowjets eingesetzte Regime als Spion hingerichtet.

Zoodirektor Jan Żabiński und seine Frau Antonina verstecken ab 1940 im Warschauer Zoo rund 300 Juden und andere Verfolgte. Sie retten Leben und riskieren ihr eigenes. In Polen hatte, anders als im besetzten Westen Europas, Generalgouverneur Hans Frank allen mit dem Tod gedroht, „die Juden wissentlich Unterschlupf gewähren".

Irena Sendler im Warschauer Sozialamt schmuggelt mit Helfern etwa 2.500 jüdische Kinder aus dem Ghetto und bringt sie in polnischen Familien, Klöstern und Waisenhäusern unter. In der Żegota aktiv, dem Untergrund-Komitee für Judenhilfe, wird sie 1943 von der Gestapo verhaftet. Auch unter Folter verrät sie die geretteten Kinder nicht.

Am 1. September 2019 jährt sich zum 80. Mal der deutsche Überfall auf Polen und der Beginn des Zweiten Weltkriegs. Das erste Kriegsverbrechen der Wehrmacht ist die willkürliche Zerstörung der Kleinstadt Wieluń durch Sturzkampfbomber früh am Morgen des 1. September. Das „polnische Guernica" charakterisiert den „Polenfeldzug" von Anfang an als barbarischen Vernichtungskrieg. Im Schatten des Holocaust, des Mordes an den europäischen Juden, gerät in Vergessenheit, dass fast sechs Millionen polnischer Staatsbürger, darunter drei Millionen Juden, in der Schreckenszeit von 1939–1945 den Tod finden. Hundertausende werden zur Zwangsarbeit verschleppt oder vertrieben, um deutschen Siedlern Platz zu machen. Bis zu 200.000 Kinder werden ihren Eltern genommen und „zwangsgermanisiert".

Bundestagspräsident Wolfgang Schäuble und Sejm-Marschallin Elżbieta Witek mit Prof. Dr. Zbigniew A. Kruszewski, Teilnehmer des Warschauer Aufstands, und Prof. Dieter Bingen, Direktor Deutsches Polen-Institut Darmstadt, am 1. September 2019 an der Ruine des Anhalter Bahnhofs

Willy Brandts Kniefall vor dem „Ehrenmal der Helden des Warschauer Ghettos" weckt 1970 die Erinnerung an den Aufstand gegen die Deportation in die deutschen Vernichtungslager vom April 1943. In dem 1940 errichteten Ghetto leben eingepfercht hinter Mauern fast eine halbe Million Juden, zu Beginn des Aufstands noch 50.000. Die blutige Niederschlagung feiert der deutsche Befehlshaber mit der Sprengung der Großen Synagoge.

Heute jährt sich zum 75. Mal der Warschauer Aufstand von 1944, die größte militärische Erhebung einer europäischen Widerstandsbewegung im Zweiten Weltkrieg. Unter Leitung der polnischen Exilregierung in London hatte sich ein geheimer militärischer und ziviler Untergrundstaat gebildet mit Polizei, Gerichten, Schulen und Universitäten. Die Heimatarmee Armia Krajowa hatte 1944 über 300.000 Mitglieder. Angesichts der vorrückenden Roten Armee und der Bildung des prosowjetischen Lubliner Komitees im Juli 1944 ist der Aufstand der 45.000 notdürftig bewaffneten Soldaten der verzweifelte Versuch, Polens Unabhängigkeit zu retten. Beistand ist von der am östlichen Weichselufer stehenden Roten Armee nicht zu erwarten. Die erste Antwort der deutschen Besatzer ist auf Befehl Himmlers das Massaker von Wola: Vom 5.–7. August werden über 30.000 Männer, Frauen, Kinder und Alte auf die Straße getrieben und erschossen. Als nach zwei Monaten der Aufstand zusammenbricht, befiehlt Himmler die Sprengung des Königsschlosses und die Zerstörung der polnischen Hauptstadt. 100.000 Warschauer werden zur Zwangsarbeit verschleppt, 60.000 in Konzentrationslager. Überlebende der Heimatarmee werden später von den Sowjets verfolgt, eingesperrt und hingerichtet. Erst am 1. August 1989 kann in Warschau ein Denkmal für den Aufstand von 1944 errichtet werden. Jedes Jahr am 1. August um 17 Uhr, zur „Stunde W", als der Aufstand ausbrach, gehen in Warschau die Sirenen an, Menschen und Autos stehen still und die Stadt hält inne. Das Gedenken eint alle Polen. Auch auf „Polens Woodstock" in Küstrin an der

Oder schweigen heute wie jedes Jahr Hunderttausende junger Festivalbesucher.

Bekannt in Deutschland ist der Widerstandskämpfer Władysław Bartoszewski, Auschwitz-Häftling, Mitglied der Żegota und Teilnehmer des Warschauer Aufstands. Der spätere Botschafter und Außenminister gesteht 2009: „Wenn mir jemand, als ich geduckt auf dem Appellplatz des KZ Auschwitz stand, gesagt hätte, dass ich Deutsche, Bürger eines demokratischen und befreundeten Landes, als Freunde haben werde, hätte ich ihn für einen Narren gehalten." Als Schirmherr deutsch-polnischer Versöhnung hatte er ein Herzensanliegen: ein Denkmal in Berlin für die Opfer der deutschen Besatzung Polens.

Am 15. November 2017 wandten sich prominente Unterzeichner mit einem Aufruf für ein Polen-Denkmal in der Mitte Berlins an Bundestag und Öffentlichkeit. Am 22. Mai 2019 erklärte die Bundesregierung ihre Unterstützung. Ein Denkmal ist ein bleibendes öffentliches Bekenntnis. Es wirkt durch Gestalt und Wort. Die Inschrift sollte in Deutsch und Polnisch lauten:

Wir gedenken der Opfer der deutschen Besatzung Polens 1939–1945
Wir ehren die Heldinnen und Helden des polnischen Widerstands
Für ein gemeinsames Europa

Florian und Leo Mausbach; Berlin und Warschau, zum 1. August 2019

Am 1. September 2019, dem 80. Jahrestag des deutschen Überfalls auf Polen, fand auf Einladung des Deutschen Polen-Instituts an der Ruine des Anhalter Bahnhofs eine feierliche Gedenkveranstaltung statt, begleitet von einem deutsch-polnischen Chor. Unter den Ehrengästen waren Bundestagspräsident Dr. Wolfgang Schäuble und Sejm-Marschallin Elżbieta Witek sowie Prof. Dr. Zbigniew A. Kruszewski als Teilnehmer des Warschauer Aufstands.

Am 30. Oktober 2020 forderte der Deutsche Bundestag die Bundesregierung auf, „an prominenter Stelle in Berlin einen Ort zu schaffen, der im Kontext des besonderen deutsch-polnischen Verhältnisses den polnischen Opfern des Zweiten Weltkriegs und der nationalsozialistischen Besatzung Polens gewidmet ist und ein Ort der Begegnung und Auseinandersetzung mit der Geschichte ist".

Am 15. September 2021 wurde von Außenminister Heiko Maas der Öffentlichkeit ein Konzept für einen „Ort des Erinnerns und der Begegnung mit Polen" vorgestellt. Es beginnt mit den Sätzen: „Ein zentrales Element des Ortes des Erinnerns und der Begegnung mit Polen sollte ein Denkmal sein. Der Ort soll erinnern, mahnen und aufrütteln. Er soll die Möglichkeit bieten, sich vor allen Opfern der Republik Polen im Zweiten Weltkrieg und durch die deutsche Besatzung in Polen zu verbeugen."

1. September 2019, 80. Jahrestag des deutschen Überfalls auf Polen – Gedenken an der Kriegsruine des Anhalter Bahnhofs

BILDNACHWEIS

Architekt Rolf Reuter, Mailand
(Zeichnung und Bildrechte)
Seite 81

Architekten Gruber Kleine-Kraneburg
Seite 65

Archiv Dokumentationszentrum Prora
Seite 122

Arnold und Gladisch Architekten
(Simulation und Bildrechte)
Seite 199, 200

BBR (Bundesamt für Bauwesen und Raumordnung)
Seite 35, 68, 220, 221

Behérycz, Eva (Bildrechte BBR)
Seite 163, 164

Burkhardt, Till, Fotograf
(Bildrechte Florian Mausbach)
Seite 12, 13

Chaoying, Jang
Seite 109

Chipperfield Architects
Seite 75

Deutsches Historisches Museum
Seite 91

Deutsches Jugendherbergswerk
Seite 127

DFK Paris, Dokumentation Palais Beauharnais © L. Blancard – N. Dubois – ArtDigitalStudio
Seite 137, 142, 143

DPI (Deutsches Polen Institut)
Seite 241, 244

Dudler, Max
(Architekt und Bildrecht)
Seite 155

Fielitz, Monika
Seite 83

Giebel, Wieland
Seite 219, 225, 226, 230

Gruber Kleine-Kraneburg
Seite 193

Kleine, Holger
Seite 52, 53

Kleihues + Kleihues
Seite 183, 192

Kollhoff, Hans
Seite 55

Köster, Arthur (Foto),
Bildrechte: VG Bildkunst
Seite 28

Kübler, Andreas
Seite 27

Landschaftsarchitekten Lützow 7 Wehberg-Müller
Seite 70

Maier, Dr. Helmut
Seite 103, 105

Marlow, Astrid, BBR
Seite 86, 89

Martini + Grossmann
(Architekten und Bildrechte)
Seite 114, 115

Mausbach, Florian
Seite 10, 11, 13, 15, 16, 18, 30, 61, 62, 95, 99, 151, 174, 181, 189, 191, 193, 207, 209

Mausbach, Ursula
Seite 14

Meuser Architekten
Seite 49

Milla und Partner Gestalter und Bildrechte (Simulation)
Seite 217, 227

Müller Reimann
Seite 56

O&O Baukunst/Siemens AG
Seite 41

Riehle, Tomas © Wüstenrot Stiftung
Seite 34

**Scheffler Architekten, Frankfurt a. M./
B.C. Horvath (Visualisierung)**
Seite 51

**Schroeder + Schevardo Architekten
(Architekten und Bildrechte)**
Seite 129, 133

Seipelt Dluzniewski Architekten
Seite 118

SIGNA Real Estate
Seite 46

**SPK (Stiftung Preuß. Kulturbesitz/
Staatsbibl. Unter den Linden)**
S. 221

**Staab, Volker
(Architekt und Bildrechte)**
Seite 146, 147

Stadt Frankfurt a. M.
Seite 207

**Stella, Franco
(Fotograf Stefan Müller)**
Seite 44, 187

Stella, Franco
Seite 45

**Stucke, Dr. Ing. Wolfgang
(Bildrechte Wolfgang Volz)**
Seite 25

ThyssenKrupp
Seite 195

von Krosigk, Klaus-Henning
Seite 141

Wandel Lorch Architekten
Seite 20

**Wehberg, Max und Borstel, Jan
(Gestaltung und Bildrechte)**
Seite 24

**Wiedemann, Lars
(Foto und Bildrechte)**
Seite 29

UMSCHLAG:

Titelbild:
Stucke, Dr. Ing. Wolfgang

Buchrückseite:
Architekten Gruber Kleine-Kraneburg

Vordere Klappe außen:
oben: Stella, Franco
   (Fotograf Stefan Müller)
Mitte: Jang Chaoying
unten: Holger Kleine

Vordere Klappe innen:
oben: Max Wehberg und Jan Borstel
unten: Philipp Meuser

Umschlagrückseite vorne:
oben: Arnold und Gladisch Architekten
Mitte und unten: DFK Paris, Dokumentation Palais Beauharnais © L. Blancard
   – N. Dubois – ArtDigitalStudio

Umschlagrückseite hinten:
Müller Reimann

Hintere Klappe außen:
dapd

Hintere Klappe innen:
oben: Stucke, Dr. Wolfgang
   (Bildrechte Wolfgang Volz)
unten: Landschaftsarchitekten Lützow 7
   Wehberg-Müller

BERLIN STORY BUNKER

DIE GESCHICHTE DES NATIONALSOZIALISMUS
in einem Bunker aus dem Zweiten Weltkrieg – und **DEUTSCHLAND HEUTE**

HOW COULD IT HAPPEN
HITLER
WIE KONNTE ES GESCHEHEN

1968 Museum – Deutschland von der bedingungslosen Kapitulation 1945 bis Corona.

Wie aus dem Nazi-Trümmerhaufen diese blühende Land wird: Deutschlands Comeback. Trümmerwüste, Wirtschaftswunder, Mauerbau und Mauerfall, „Wir schaffen das" – aber der Wendepunkt ist 1968. Eine Generation mit unbändigem Willen. Weltweit modernisieren sich Kultur, Politik und Wirtschaft. Beatles, Minirock und Pille. Demokratische Teilhabe und Selbstverwirklichung. Frauen erobern radikal und erfolgreich ihren Platz.

Dokumentation über drei Stockwerke des Bunkers.

Wie konnte es geschehen, dass so viele Hitler wählten? Wie wurde er zum Nazi? Wie kam er an die Macht? Wie führte der Antisemitismus zu Konzentrationslagern und Holocaust? Warum machten Generäle und Soldaten bis zum Schluss mit? „Wissenschaftlich erarbeitet, neue Quellen, systematisch und gestalterisch geschickt" *Berliner Zeitung*. Modell des Führerbunkers, Nachbau seines Bunkerraums.

ÖFFNUNGSZEITEN
tägl. 10–19 Uhr
Letzter Einlass 17:30 Uhr

ÖFFNUNGSZEITEN
tägl. 10–19 Uhr
Letzter Einlass 17:30 Uhr

Schöneberger Straße 23a | 10963 Berlin | am Anhalter Bahnhof | 5 Min. vom Potsdamer Platz
Tel. 030 – 26 55 55 46 | **www.BerlinStory.de** | Eintritt 12 €